A Taste of Latino Cultures

Un Toque de Sabor Latino

A Taste of Latino Cultures
Un Toque de Sabor Latino

A Bilingual, Educational Cookbook
Un Libro de Cocina Bilingüe y Educativo

George Kunzel

Illustrated by Erin K. Turner

LIBRARIES
UNLIMITED
A Member of the Greenwood Publishing Group

Westport, Connecticut • London

Library of Congress Cataloging-in-Publication Data

Kunzel, George.
  A taste of Latino cultures = Un toque de sabor Latino ; a bilingual,
educational cookbook = un libro de cocina bilingüe y educativo / George
Kunzel ; illustrated by Erin K. Turner.
    p. cm.
  Includes bibliographical references and index.
  ISBN 1-59158-178-8 (pbk. : alk. paper)
  1. Cookery, Latin American. I. Title. II. Title: Taste of Latino
cultures. III. Title: Toque de sabor Latino.
TX716.K86 2005
641.598--dc22   2005016073

British Library Cataloguing in Publication Data is available.

Library of Congress Catalog Card Number: 2005016073
ISBN: 1-59158-178-8

First published in 2005

Libraries Unlimited, 88 Post Road West, Westport, CT 06881
A Member of the Greenwood Publishing Group, Inc.
www.lu.com

Printed in the United States of America

The paper used in this book complies with the
Permanent Paper Standard issued by the National
Information Standards Organization (Z39.48–1984).

10 9 8 7 6 5 4 3 2 1

The publisher has done its best to make sure the instructions and/or recipes in this book are correct.
However, users should apply judgment and experience when preparing recipes, especially parents and
teachers working with young people. The publisher accepts no responsibility for the outcome of any
recipe included in this volume.

To Alexis
Cooking with you is both a pleasure and a challenge

Para Alexis
Cocinar contigo es tanto un placer como un reto

Contents

Acknowledgments

There are many people who helped to make this book possible. To start with, I want to thank my wife Bonnie for encouraging me to pursue my idea and for her help in finding an editor who was interested in this project. My thanks also to René de la Selva for his suggestion for a great title in Spanish, to Juan Carlos Pupo and José Upegui for reviewing the Spanish version of the text, and to Elizabeth García for her help with cooking terminology. And finally, I want to thank Barbara Ittner, for without her help, suggestions, and patience I would never have completed this book.

Agradecimientos

Hay muchos quienes me ayudaron a realizar este libro. Primero quiero darle las gracias a mi esposa Bonnie por darme el ánimo para seguir adelante con mi idea y por ayudarme a encontrar una editora interesada en este proyecto. Mis agradecimientos también a René de la Selva por su sugerencia para un gran título en español, a Juan Carlos Pupo y a José Upegui por revisar el texto en español, y a Elizabeth García por su ayuda con la terminología de cocina. Y finalmente quiero darle las gracias a Barbara Ittner, ya que sin su ayuda, sus sugerencias y su paciencia nunca hubiera podido terminar este libro.

Introduction

This book introduces educators and students to some of the Latino cultures represented in the ever-increasing numbers of Hispanics who make up part of the population of the United States. In this guide, simple descriptions of Latino countries and cultures—their populations, geographies, and histories—are coupled with recipes and learning extension ideas. Thus, it is hoped that educators and librarians will find a valuable tool that helps them increase interest in and inform children about some of our important neighbors.

The five countries represented in the book, along with the Commonwealth of Puerto Rico, were selected because they all have significant immigrant populations in the United States. They also represent the four geographical areas of the New World where Spanish is spoken—North and Central America, represented by Mexico and Nicaragua, the Caribbean, represented by Cuba, the Dominican Republic and Puerto Rico, and South America, represented by Colombia. According to the 2000 U.S. Census, the Hispanic population with roots in these six locations makes up over 25 million of the more than 35 million Hispanics now living in the United States.

Hispanics are now the largest minority in the United States, at about 12.5 percent of the total population. The Hispanic population is expected to continue its rapid growth at an estimated 3 percent per year. According to current projections, the number of Hispanics will be about 49 million by 2015, or about 15.5 percent of the projected total population. As a result, Hispanics are now a major factor in politics and the economy. In the 2004 elections the first two Hispanics in 30 years were elected to the U.S. Senate—Ken Salazar, a Democrat from Colorado, and Mel Martínez, a Republican from Florida.

The close commercial ties that the United States continues to establish with its neighbors in the Americas further increase the influence of the Hispanic population. Besides the North American Free Trade Agreement (NAFTA), which includes Mexico and has been in effect since 1993, other bilateral and multilateral trade agreements are being negotiated.

Ease of travel and the widespread use of the Internet have made the world a smaller place and facilitated the exchange of views and ideas among peoples from different countries. This exchange in turn brings about a greater awareness and appreciation of other cultures. Many U.S. corporations have recognized the need for and advantages of such cultural awareness and have started programs to encourage it.

Given these trends, it is important for non-Hispanic students in the United States to become familiar with Latino cultures as early as possible, and for Hispanic students to become familiar with other Latino cultures besides their own. This book offers a dual approach to meeting this need. Not only does it provide an introduction to various Latino cultures, but it also presents this material in a bilingual format, making the text accessible to both Spanish and non-Spanish speakers.

The Hispanic community in the United States places great emphasis on maintaining its language and other cultural traditions intact. According to the Census Bureau, about three quarters of the Hispanic population speaks Spanish, regardless of whether they also speak English or not. The bilingual text therefore makes this book useful and attractive to the Hispanic community.

An important way to get to know a culture is through its food. The recipes in this book, as well as the brief descriptions of other dishes and of some commonly used ingredients, provide further insight into Latino culture. They also serve as a step-by-step guide for the preparation of some typical Latino dishes.

This book can be used as part of the social studies curriculum or in a bilingual education program—either to help Hispanic children improve their English language skills or to preserve and broaden their Spanish language skills.

Finally, there is one other purpose that this book, with its bilingual text, may serve. That is to serve as a bridge between an older generation of Hispanics living in the United States who have a limited knowledge of English and a younger generation who may have an excellent knowledge of English but only a limited knowledge of Spanish.

The recipes in this book are the author's versions of some typical dishes from each of the locations described. Wherever possible, we have tried to simplify them to facilitate their use with children. However, the primary intent is that adults prepare them with the help of children, and adult supervision is definitely advised. Ideas to further simplify or expedite the preparation of some dishes are included in the notes following the recipes.

Some of the recipes come from family members or friends. Others are based on recipes in various cookbooks. These cookbooks are listed in the bibliography. Additional information and ideas came from various Internet sites.

Introducción

Este libro ofrece a educadores y estudiantes rasgos de algunas de las culturas latinas que están representadas en el creciente número de hispanos que conforman parte de la población de los Estados Unidos.

Los cinco países presentados en el libro, junto con el Estado Libre Asociado de Puerto Rico, fueron seleccionados porque todos tienen un gran número de inmigrantes en los Estados Unidos. También representan las cuatro áreas geográficas de habla hispana en el Nuevo Mundo—Norteamérica y Centroamérica, representadas por México y Nicaragua, el Caribe, representado por Cuba, la República Dominicana y Puerto Rico, y Suramérica, representada por Colombia. Según el censo del 2000 en los Estados Unidos, la población hispana con raíces en estos seis lugares que vive en los Estados Unidos continentales conforma más de 25 millones de un total de 35 millones de habitantes de descendencia hispana.

Hoy por hoy los hispanos son la minoría más grande de los Estados Unidos, un 12,5 por ciento de la población total. Se espera que ella siga su rápido crecimiento de un 3 por ciento anualmente. Según proyecciones actuales el número de hispanos llegará a unos 49 millones para el año 2015, o sea un 15,5 por ciento de la población total que se proyecta para ese año. Por eso los hispanos son ahora un elemento importante en la política y la economía. En las elecciones del 2004 fueron elegidos al Senado los primeros dos hispanos en treinta años—Ken Salazar, Demócrata de Colorado, y Mel Martínez, Republicano de la Florida.

Los lazos comerciales estrechos que Estados Unidos sigue estableciendo con sus vecinos en las Américas dan aun más importancia a la población hispana. Además del Tratado de Libre Comercio de América del Norte (TLCAN), que abarca México y está vigente desde 1993, se están negociando otros tratados comerciales bilaterales y multilaterales.

La facilidad para viajar y el uso extenso de la Internet han hecho del mundo un lugar más pequeño y han facilitado el intercambio de opiniones e ideas entre los pueblos de diferentes países. Este intercambio trae a su vez mayor conocimiento y aprecio de otras culturas. Muchas corporaciones en Estados Unidos reconocen la necesidad y las ventajas de dicho conocimiento y han puesto en marcha programas para fomentarlo.

Dadas estas tendencias es importante que los estudiantes no hispanos en los Estados Unidos se familiaricen con las culturas latinas cuanto antes, y los estudiantes hispanos también se familiaricen con otras culturas latinas además de las suyas. El libro trata de abordar estas necesidades en dos formas. No sólo presenta varias culturas latinas, sino que también las presenta de forma bilingüe, dando acceso así tanto a personas de habla hispana como a aquellas que no lo son.

La comunidad hispana en Estados Unidos hace un gran esfuerzo por mantener intactos su idioma y sus tradiciones culturales. Según la Oficina del Censo, unas tres cuartas partes de la población hispana hablan español, ya sea que hablen inglés o no. Por consiguiente, este libro, por su texto bilingüe, es útil y atractivo para la comunidad hispana.

Una manera importante de conocer una cultura es por su cocina. Las recetas en este libro, tanto como las breves descripciones de otros platos y de algunos de los ingredientes de uso común, dan una idea adicional de la cultura latina. Las recetas también sirven de guía detallada para la preparación de algunos platos latinos típicos.

El libro puede usarse como parte de un currículo de Estudios Sociales o en un programa de educación bilingüe, ya sea para ayudar a los jóvenes hispanos a mejorar sus conocimientos del inglés o para preservar y ampliar sus conocimientos del español.

Finalmente, hay otro propósito que este libro, con su texto bilingüe, puede servir, y es el de un puente entre una generación de hispanos mayores que viven en los Estados Unidos y que tienen un conocimiento limitado del inglés, y una generación de menores que pueden poseer un excelente conocimiento del inglés pero solo uno limitado del español.

Las recetas en este libro son versiones del autor de algunos platos típicos de cada lugar. Hemos tratado de simplificarlas cuanto sea posible para facilitar su uso entre los niños. Sin embargo, la idea es que los adultos las preparen con la ayuda de los niños, y definitivamente se aconseja la supervisión por parte de personas adultas. En las notas que siguen algunas de las recetas hay ideas para simplificar o facilitar aun más la preparación de los platos.

Algunas de las recetas vienen de familiares y de amigos. Otras se basan en recetas de varios libros de cocina. La lista de estos libros se encuentra en la bibliografía. Además, información e ideas adicionales vienen de varios sitios de la Internet.

Chapter 1A

Mexico

GENERAL INFORMATION

Mexico is the only country that is located in both Central America and North America. It borders the United States to the north, Guatemala and Belize to the south, the Pacific Ocean to the west, and the Atlantic Ocean (the Gulf of Mexico) to the east. The Tropic of Cancer runs through the center of Mexico. Mexico is 758,136 square miles (1,963,564 square kilometers) in size, which is about three times the size of Texas. Mexico is the third most populous country in the Western Hemisphere.

The national symbols are the flag and the coat of arms. The flag dates from 1821 and consists of three vertical bands, green, white, and red, with the coat of arms in the center. National symbols taken from nature are the dahlia and the crested caracara.

The official currency is the peso.

According to the 2000 U.S. Census there are approximately 20,640,000 people of Mexican descent in the United States.

Geography and Climate

The country may be roughly divided into five geographic regions:

- The central plateau

- The Pacific Northwest

- The coastal plains along the Gulf of Mexico

- The mountainous area along the Pacific Ocean

- The Yucatán Peninsula

1

The central plateau, with elevations between 6,000 and 9,000 feet (1,800 and 2,700 meters), covers most of the country. It is bordered on the west by the Sierra Madre Occidental Mountains and on the east by the Sierra Madre Oriental Mountains. These mountains come together in the southern part of the plateau and continue along the western part of the country into Guatemala, forming the Sierra Madre del Sur. Along the southern edge of the plateau, they form a chain of volcanic mountains. Volcanoes rise here—Popocatépetl, 17,887 feet (5,452 meters) and Orizaba, 18,701 feet (5,700 meters), the highest peak in Mexico. For comparison, the tallest mountain in North America, Mount McKinley in Alaska, measures 20,320 feet (6,194 meters). The Sonoran Desert occupies the northern part of the plateau. This plateau is the most inhabited part of the country and includes the capital, Mexico City, which is located on the site of the ancient Aztec capital, Tenochtitlán.

The Pacific Northwest region consists of the peninsula of Lower California and the coastal area that lies to the west of the Sierra Madre Occidental, along the Gulf of California. While Lower California is very dry and desert-like, the coastal area is very fertile.

The coastal plains in the eastern part of the country run along the Gulf of Mexico, to the east of the Sierra Madre Oriental. This area is very dry in the north but is more humid further south, where there are fertile farmlands and some tropical forests.

The mountainous area along the Pacific Ocean includes some valleys and high flatlands, including the Oaxaca Plateau. Monte Albán, the religious center of the Zapotec Indians, was located on this plateau. The Indians who live in this area farm the flatlands and the river valleys. It is one of the coffee-growing regions of the country.

Tropical rainforests cover most of the Yucatán Peninsula, a lowland area south of the Gulf of Mexico. Ruins of the ancient Mayan city of Chichén-Itza are found there.

These geographic differences result in climatic differences. The southern part of Mexico generally receives more precipitation than the northern part, which tends to be drier. The rainy season starts in June and lasts longer the farther south you go. Some areas in the south receive more than 40 inches (100 centimeters) of rain a year.

Temperatures vary with elevation as well as with the seasons. In the higher elevations of the central plateau they vary from 42°F (16°C) in the winter to about 73°F (23°C) in the summer, while in the lowlands they can range from 70°F (21°C) in the winter to 86°F (30°C) in the summer. There are some mountain peaks that are always covered with snow. Mexicans call the hot lowlands *tierra caliente* (tee-**eh**-rrah cah-lee-**ehn**-teh), or hot land. They call the areas with elevations between 3,000 and 6,000 feet (914 and 1828 meters) *tierra templada* (tee-**eh**-rrah tem-**plah**-thah), or temperate land, and the areas above 6,000 feet *tierra fría* (tee-**eh**-rrah **free**-ah), or cold land.

There are many active volcanoes in Mexico. Popocatépetl erupted in December 2000, but did not cause any significant damage. Earthquakes also happen in Mexico. The last major earthquake occurred on September 19 and 20, 1985, in Mexico City and the surrounding area. Many buildings were destroyed and there were more than 7,000 deaths.

The major river in Mexico is the Río Bravo del Norte, called the Rio Grande in the United States. It flows into the Gulf of Mexico and forms over half of the border with the United States. Other rivers that flow into the Gulf of Mexico include the San Fernando, the Pánuco, and the Grijalva and Usumacinta in the south. Rivers that flow into the Pacific Ocean include the Yaqui, the Fuerte, the Santiago, and the Balsas.

Population

The population of Mexico is just over 104 million. The majority of the population is mestizo, of Spanish and Indian ancestry. Approximately 30 percent are Indian and less than 10 percent are white. Most of the Indian population is descended from the Aztecs and the Mayans. They speak various Indian languages, including Maya, Nahuatl, and various dialects of these two, such as Mixtec, Otomí and Zapotec. In some cases, Indians speak very little Spanish.

Approximately three-quarters of the population lives in urban areas. Around 20 million people live in the metropolitan area of Mexico City. Two other major cities are Guadalajara, with over 2 million inhabitants, and Monterrey, with almost 2 million people.

Government

Mexico is a federal republic, like the United States. Its official name is Estados Unidos Mexicanos. The constitution, which dates from 1917, establishes three branches of government—the executive, the legislative, and the judicial. The president is elected for one six-year term and may not be reelected. The legislature consists of the Senate, with 128 members who are also elected for six-year terms, and the Chamber of Deputies, with 500 members who are elected for three-year terms. Members of the legislature cannot serve consecutive terms. The judicial branch consists of the Supreme Court of Justice, with 21 members who are appointed for life by the president, and many lesser courts.

The country is divided into 31 states and a Federal District, where the capital, Mexico City, is located. Each state has a governor, who is elected for one six-year term, and a Chamber of Deputies, whose members serve for three years and cannot be reelected for consecutive terms.

The Partido Revolucionario Institucional (Institutional Revolutionary Party), or PRI, is the majority party in Mexico. The PRI governed Mexico from 1929 to 2000. In that year Vicente Fox, the candidate of the Partido de Acción Nacional (National Action Party), or PAN, won the presidential elections. There are several other smaller parties in Mexico, but they do not play a significant role in the government.

History

Indian Civilizations

Scientists believe that the first people to inhabit Mexico arrived around 20,000 years B.C.E. But permanent settlements were not formed until around 7000 B.C.E. in the central plateau, when Indians discovered agriculture and began planting corn, beans, and other plants.

The first important Indian civilization was that of the Olmecs, which lasted from around 2000 B.C.E. to 100 B.C.E. The following period, from A.D. 250 to A.D. 900, is known as the Classic Period. During this time the Mayan and Zapotec civilizations flourished. Anthropologists believe they may have disappeared due to climate changes.

After a period during which there were many wars, the Toltec civilization emerged in the area around Mexico City and spread as far as the Yucatán Peninsula. The Toltec empire lasted from A.D. 900 until around A.D. 1200. The next and last great Indian civilization to flourish in Mexico was the Aztec. Their capital, Tenochtitlán, was located in what is now Mexico City. The Aztec empire lasted from 1300 until the Spanish destroyed it in 1521.

Spanish Rule

The Spanish arrived in Mexico in 1517, when Francisco Hernández de Córdoba came from Cuba to explore, landing in the Yucatán Peninsula. Juan de Grijalva followed him in 1518, and then Hernán Cortés came in 1519. Cortés founded Veracruz, the first Spanish settlement in what is now Mexico. He then marched to Tenochtitlán, where the Aztec emperor Montezuma allowed him to enter the city, thinking the Spanish were gods. Cortés imprisoned Montezuma but fled when the Aztecs revolted. He returned in 1521 and defeated the Aztecs in August of that year.

The Spanish gave the Indians some autonomy, but they also imposed taxes and Catholicism on the native people. Indians soon became laborers for the Spanish in the silver mines and ranches. Spain established a Capitanía to govern Mexico. By the late 1700s the colonists, who were known as *peninsulares* (peh-nin-suh-**lah**-res) if they were born in Spain and as *criollos* (cree-**oh**-yohs) if they were born in Mexico, began to resent the control of the Spanish king. When France invaded Spain in 1808 some colonists saw an opportunity to obtain their independence.

On September 15, 1810, Miguel Hidalgo y Costilla called for independence in a speech that became known as the Grito de Dolores (the Cry of Dolores). However, in 1811 he was captured and executed by the Spanish. During the next 10 years there were periods of peace and of revolt. In 1821, Agustín de Iturbide, who was in command of the Spanish army that was supposed to defeat the rebels, instead made peace with them and Mexico became independent.

Postcolonial Period

The conservatives, who wanted a monarchy, named Iturbide as emperor in 1822. But he was deposed in 1823 and the liberals set up a republic in 1824. The rest of the nineteenth century was a very turbulent period in Mexican history, with many military revolts, dictatorships, and wars. During this time Mexico also lost a large portion of its territory to the United States.

Between 1833 and 1855 General Antonio López de Santa Anna ruled Mexico several times. He led the Mexican army that defeated the Americans at the Battle of the Alamo in 1836, when Texas tried to gain its independence from Mexico. But the Americans defeated him at the Battle of San Jacinto later that year, and Texas became independent, later joining the Union. At that time Texas included what is today Texas as well as parts of Colorado, Kansas, New Mexico, Oklahoma, and Wyoming. Border disputes between Mexico and the United States led to the Mexican War, which lasted from 1846 to 1848. The war ended with the Treaty of Guadalupe Hidalgo, which gave to the United States much of what is now the American Southwest, including California, Arizona, Nevada, and Utah, as well as parts of Colorado, Wyoming, and New Mexico. Mexico sold additional parts of Arizona and New Mexico to the United States under the Gadsden Purchase in 1853.

A period of civil strife and reform followed. Benito Juárez was a leader in the War of the Reform, which lasted until 1861 and left Mexico with many international debts. When Juárez stopped debt payments, France and Spain invaded Mexico in 1862. In 1864 the French, with the help of Mexican conservatives, established Maximilian, the Archduke of Austria, as emperor. But France withdrew in 1867 and Juárez returned to power until his death in 1872. In 1874 Porfirio Díaz overthrew the government and imposed a dictatorship that lasted until 1911.

Díaz was forced to resign by revolutionaries, who in 1910 began what became known as the Mexican Revolution. This was another period of great reforms, but the revolutionaries also fought among themselves and with the conservatives. Among the revolutionary leaders were Francisco Madero, Venustiano Carranza, Pancho Villa, and Emiliano Zapata. In 1917 they established a new constitution, which is still in place.

The PRI, initially known as the National Revolutionary Party, was established in 1929. It ruled Mexico for the next 70 years and introduced a period of some political stability, but it was guilty of corruption and abuses of power. In 2000 the PAN came to power with Vicente Fox.

Mexico still has many social problems, as illustrated by the rebellion in 1994 of the Ejército Zapatista de Liberación Nacional (EZLN). The EZLN has been negotiating with the Fox government for additional reforms.

Economy

Mexico has an industrial economy. Its main industries are oil and mining. The mining industry's most important products are gold, copper, lead, and silver. Other important industrial products are steel and machinery.

Agricultural products include corn, beans, cotton, coffee, sugarcane, and avocadoes. Mexico also exports significant quantities of various fruits and vegetables.

Other important sources of revenue and jobs are tourism and the *maquiladora* (mah-kee-lah-**thoh**-rah) industry. *Maquiladoras* are the plants and factories, mostly along the U.S. border, that foreign corporations have set up to assemble various products.

In 1993, Mexico signed the North American Free Trade Agreement (NAFTA) along with Canada and the United States. NAFTA promotes trade among the partners by reducing or eliminating tariffs for imported goods.

Culture

Mexicans are very proud of their mestizo heritage and of their country. They place great value on family life, and they have great respect for the elderly. The extended family is very important, and it is not unusual for several generations of a family to live together. Mexicans also value hospitality, and it is common for visitors to arrive unannounced or to spend a lot of time at dinner parties in conversation before having dinner.

The United Nations Educational, Scientific and Cultural Organization (UNESCO) maintains a registry of cultural sites, events, and traditions from around the world. The registry includes a list of tangible places, called the UN World Heritage List, and a list of intangible events and traditions, called the List of the Intangible Heritage of Humanity. For Mexico the registry includes the Pre-Hispanic City of Teotihuacán, the Pre-Hispanic City of Chichén-Itza, and the Indigenous Festivity Dedicated to the Dead.

Feasts and Festivals

The most important national holidays are Independence Days, on September 15, when the Grito de Dolores is celebrated, and September 16, when independence is celebrated. During these two days in many cities and towns the Grito de Dolores speech is read in the main plaza, there are military parades, and at night there are fireworks displays. Other national holidays are Cinco de Mayo (Fifth of May), which celebrates the defeat of the French in the Battle of Puebla in 1862, and the birthday of Benito Juárez on March 21. Although the fifth of May is a national holiday, there are more celebrations in the state of Puebla than in the rest of the country. In the city of Puebla the festivities start with parades and marching bands. People dressed as Mexican and French soldiers march in the parades, and in the afternoon they reenact the battle. Throughout the day government officials make speeches, mariachi bands play, traditional foods are served, and there are piñatas for the children. The festivities end in the evening with fireworks. Mexican Americans in the United States also celebrate this holiday with parades, music, dance, and food.

Most Mexicans are Catholic, and they celebrate several important religious holidays. The most important is probably the feast of the Virgin of Guadalupe, who is the patron of Mexico, on December 12. On this day there are pilgrimages to the Basilica of Guadalupe, in the northern part of Mexico City. It is on the same site where, according to the legend, the Virgin Mary, also known as La Virgen Morena (the dark-skinned virgin), appeared to the Indian Juan Diego in 1531 and asked that a church be built in her honor. Her image was imprinted on his cloak, which is now kept in the basilica. The basilica was completed in 1976 and can hold 50,000 people. In 2004 Mexican authorities estimate that over two million people came to the basilica on the saint's day. During the pilgrimage people sing the traditional Mexican birthday song, "Las Mañanitas," to the virgin, ask her for miracles, thank her, and bring her offerings.

The Day of the Dead is celebrated for several days at the end of October and the beginning of November in honor of the dead. It is a blend of indigenous and Catholic traditions. Mexicans believe that the souls of the dead return to visit, and they make special preparations for their return. They build altars for them and make decorations using pictures of the dead, flowers, and other objects related to the dead persons. They put toys and candy on the children's graves, bring the favorite foods of the dead to the cemeteries, and light many candles for them. Many will spend the day and even the night at the cemetery, eating the food they have prepared and remembering the dead. During the festivities bakers make a special bread called *pan de muerto* (pahn de **mooer**-toh), which means bread of the dead. It is a sweet bread made with raisins and has icing decorations in the shape of bones. Stores sell papier-mâché skeletons and candy made in the shape of skulls.

Between December 16 and 24 Mexicans celebrate the *posadas* (poh-**sah**-thahs). The word means inns, and on each of these nights processions go from door to door to re-create the journey of Mary and Joseph to Bethlehem. Holy Week, which takes place during Easter and starts with Palm Sunday, is another important celebration. Taxco, a city of narrow, winding streets and beautiful buildings in the baroque style of architecture, is well known for its celebration of Holy Week. On Palm Sunday many people carry palms as they walk behind a figure of Jesus on a donkey. On the night of Maundy Thursday people participate in a silent procession, during which many of them beat themselves in repentance for their sins. There are other processions in which people carry images of Christ and of saints. On Good Friday there is a reenactment of the crucifixion and the burial of Christ.

There are two well-known celebrations of carnival in Veracruz and Mazatlán. Bullfights and cock-fights are popular throughout the country. Taxco is also famous for its silver mines and the artisans who use it to make jewelry and other wares. At the end of November there is a silver fair during which the artisans exhibit their work. People from all over the world come to the fair.

Food

Mexicans are very proud of their traditional cuisine, and they take their cooking very seriously. In fact, in 2004 Mexico applied to UNESCO to have its cuisine included in the List of the Intangible Heritage of Humanity. UNESCO was to decide on this application in 2005.

Corn, chilies, and beans are key ingredients in Mexican cooking. The most common food made from corn is the *tortilla* (tor-**tee**-ya), a thin pancake made from corn meal. The tortilla, also known as "the bread of Mexico," is the basic component for making *tacos* (**tah**-cohs), folded stuffed tortillas; *enchiladas* (en-chi-**lah**-thahs), rolled stuffed tortillas served with chili sauce; *tostadas* (tohs-**tah**-thahs), fried tortillas topped with chilies, meat, cheese, and/or onion; and *quesadillas* (que-sah-**thee**-yahs), fresh tortillas filled with meat, cheese, chilies, and/or beans, folded over, closed, and deep fried. Corn is also used for *tamales* (tah-**mah**-lehs), made from corn dough stuffed with meat, wrapped in cornhusks, and steamed.

Chilies are also used in many dishes. Large chilies are stuffed to make *chiles rellenos* (**chee**-lehs reh-**yeh**-nohs). A national dish usually served during Independence Day celebrations is *chiles en nogada* (**chee**-lehs en noh-**gah**-thah). Stuffed peppers are served with a white sauce, red pomegranate seeds, and fresh coriander, which represent the colors of the Mexican flag.

Mole poblano (**moh**-leh poh-**blah**-noh), a national dish made with turkey or chicken, is served with a complex sauce made from many ingredients, including chilies and chocolate. There is great variety in Mexican regional cuisines, due in part to the availability of ingredients. Regional dishes include *cabrito* (cah-**bree**-toh), roasted young goat, common in the north; *huachinango a la veracruzana* (wah-chee-**nahn**-goh ah lah veh-rah-croo-**sah**-nah), red snapper Veracruz style; and *pollo pibil* (**poh**-yoh pee-**beel**), steamed chicken wrapped in banana leaves and steamed, from Yucatán.

Music

In Mexico one can often hear music in the streets and plazas of towns and cities. *Mariachi* (mah-**reeah**-chee) bands, which are made up of guitars, violins, and trumpets, are probably the best-known kind of Mexican musical groups. The musicians are usually dressed in fancy suits with pants and jackets that are decorated with silver embroidery. The songs they play are known as *corridos* (coh-**rree**-thohs) and *rancheras* (rahn-**cheh**-rahs). Music played on the *marimba* (mah-**reem**-bah) is very popular in the southeast and along the Gulf Coast. The Ballet Folklórico de México is known around the world for its dance and music.

Arts and Letters

Two Mexican authors who have attained international recognition are Octavio Paz and Carlos Fuentes. Octavio Paz won the Nobel Prize for Literature in 1990.

Probably the best-known modern Mexican artists are the muralists, whose most important work dates from the first half of the twentieth century. They include Diego Rivera, José Clemente Orozco, and David Alfaro Siqueiros. Many of their works can be seen in buildings throughout Mexico. Famous painters include Rufino Tamayo and Frida Kahlo, who was the wife of Diego Rivera. Juan O'Gorman is probably best known for his stone mosaics that decorate the entire outside of the library of the National Autonomous University of Mexico.

RECIPES

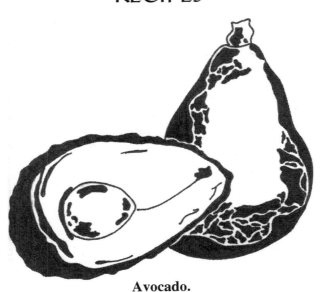

Avocado.

The avocado (*Persea nubigena*) probably comes from southern Mexico, although archaeologists have found what they believe to be avocado seeds from about 750 B.C.E. in Perú. Its name in Spanish, *aguacate* (ah-wah-**cah**-teh), comes from the Aztec word ahaucatl. The English name comes from the Spanish word. It is also sometimes called alligator pear in English, presumably because the Spanish word was too difficult to pronounce.

The avocado is classified as a fruit, not a vegetable, and it is extremely rich in vitamins, minerals, monosaturated fats, and fiber. Avocados contain more potassium than do bananas. Because of their high nutritional value they are an ideal food for babies, children, athletes, and diabetics.

There are many varieties of avocados, but they are generally divided into three types. Those from the West Indies are very large (approximately 2 lbs. or 1 kg) and have a smooth, glossy skin. Those from Guatemala are smaller and have dark, pebbly skin. Those from Mexico are smaller still, with very thin and glossy skin. The most popular variety in the United States is the Hass avocado, which is of the Guatemalan type and was discovered in California around 1920. California produces more than 90 percent of the avocados in the United States, and the Hass avocado makes up over 80 percent of production.

The most common use of avocados is in salads and dips, such as *guacamole* (gwah-cah-**moh**-leh). The name of this dip comes from the Aztec word ahuacamolli. However, avocados are increasingly being used in many other ways. They can be used in soups; on pizzas; and as an ingredient in shrimp, chicken, and veal dishes, and they can also be grilled.

The best way to tell whether an avocado is ripe enough to eat is to press gently on the end where the stem was. If it is very hard, the avocado is not ready yet and may take several days to ripen. If it is slightly soft, then it is ready to eat. Sometimes, if the avocado is very ripe, the pit will be loose and you can hear it when you shake the avocado.

To peel an avocado, use a knife to cut through the skin lengthwise all the way down to the pit. Twist the two halves gently in opposite directions until one of them comes off the pit. Then stick the point of the knife into the pit and twist until the pit comes loose. If you are going to mash the avocado, as you would for *guacamole*, then you can just scoop the flesh out with a spoon. If you need chunks of avocado, then make several cuts lengthwise and crosswise down to the skin, then scoop out the chunks with a spoon. If you need slices to put on a salad, cut each half in half again, peel the skin off, and slice to the desired thickness.

Pico de gallo (pee-coh deh gah-yoh)

(Beak of the Rooster)

Pico de gallo is a fresh and spicy salsa that is normally served with tortilla chips as an appetizer, but it can also be used as a condiment for many dishes based on tortillas, such as tacos and tostadas.

1 cup chopped jalapeño (hah-lah-**peh**-nyoh) peppers*
1 cup chopped red onion
1 cup chopped tomatoes, seeds removed
¼ cup fresh lime juice
1 teaspoon olive oil
5 tablespoons chopped fresh coriander
1 large or 2 small fresh avocados, diced
Salt and fresh ground pepper to taste

Mix all the ingredients except the avocado and refrigerate. Just before serving add the avocado and mix well. Serve with tortilla chips.

*Notes: You may use fresh jalapeños or jalapeños in a can or a jar; they are usually available in most grocery stores. Be careful not to touch any part of your face until you have washed your hands thoroughly after chopping the jalapeños. You may use less than 1 cup if you don't want the dish to be too hot.

Guacamole

(Avocado Dip)

Guacamole can be served as a dip with tortilla chips, as part of a salad, or as part of many typical Mexican dishes.

2 avocados
2 tablespoons finely chopped onion
1 chopped serrano (seh-**rrah**-noh) chili, fresh or canned*
1 chopped tomato, seeds removed
2–3 tablespoons chopped fresh coriander
Salt and fresh ground pepper to taste

Peel and chop the avocados, then mash them in a bowl. Add the remaining ingredients and mix well. Serve chilled on top of mixed greens or at room temperature as a dip or topping.

*Notes: Be careful not to touch any part of your face until you have washed your hands thoroughly after chopping the serrano chili.

Enchiladas

(Stuffed Tortillas with Chili Sauce)

This dish can be served as a main course. It is made with corn tortillas that are stuffed with meat and other ingredients and topped with a chili sauce.

    1 whole skinless and boneless chicken breast*
    8 poblano chilies
    1 can (14½ oz.) diced tomatoes, drained
    2 cloves of garlic, chopped
    2 tablespoons fresh coriander, chopped
    ¼ cup finely chopped onion
    8 corn tortillas*
    1½ cup grated Monterey Jack cheese

Put the chicken breast in a saucepan with enough water to cover it. Bring to a boil over medium high heat, then reduce the temperature and simmer for 15 minutes. Remove the chicken breast and keep the liquid. When the chicken is just cool enough to handle, shred it and keep it warm in a covered bowl.

Cut the chilies in half and remove the seeds and the ribs. Put the chilies in the same liquid used to cook the chicken. Bring to a boil over medium high heat, then reduce the temperature and simmer for 10 minutes. Remove the chilies from the broth and put them in a blender, keeping the liquid. Add the tomatoes, garlic, coriander, and ¼ cup of the broth, and process until you have a very thick sauce. If necessary, add more liquid.

In order to be able to roll up the tortillas, they need to be softened first. Stack the corn tortillas with a piece of damp paper towel between each tortilla. Wrap the stack in aluminum foil and place it in a 325°F (160°C) oven for about 10 minutes.

Spread a little of the sauce on one side of each of the tortillas. Add the onion and one cup of the cheese to the chicken and mix well. Divide this mixture evenly over the tortillas and roll them up. Place the tortillas in a buttered 9-by-13-inch baking dish, leaving some space between them so they can be easily served, spoon any leftover sauce over them, and spread the remaining ½ cup of grated cheese on top. Bake in a 475°F (245°C) oven just until the cheese melts, about 5–7 minutes. Serve with guacamole and/or chopped lettuce, tomatoes, and jalapeños.

*Notes: Instead of chicken, you can also use cooked ground beef. Fresh corn tortillas are usually available in the refrigerated section of most supermarkets or in Hispanic markets.

This recipe may be simplified by using a large jar (20–24 oz.) of a thick, mild Mexican salsa made from chilies, tomatoes, and onions instead of preparing the sauce as described above. If you prefer you can add some Mexican hot sauce to the salsa or some chopped jalapeños. Drain the salsa in a sieve for 10–15 minutes, preserving the liquid. Process the drained salsa in a blender or food processor, adding just enough of the preserved liquid to get a thick, smooth sauce that can be poured over the tortillas. To simplify the recipe even further, you can also find prepared sauces for enchiladas in many Hispanic stores.

Chocolate (Choh-coh-lah-teh)

Hot chocolate is a very popular, frothy drink made with milk or water and Mexican chocolate that comes in tablets and has already been sweetened and usually flavored with cinnamon. It is frequently served for breakfast, but many people also like to drink it at any time throughout the day.

6 tablets of Mexican chocolate (such as Abuelita or Ibarra brand)*
6 cups milk

Combine the ingredients in a saucepan. Without letting the mixture come to a boil, cook over medium low heat and stir constantly. When the chocolate has melted completely, take the pan off the heat and beat the mixture until it is foamy.* Pour into cups and serve.

*Notes: Mexican chocolate, which can be found in Hispanic markets, is already sweetened and is sometimes flavored with cinnamon and/or cloves. In Mexico they use a *molinillo* (moh-lee-nee-yoh), a wooden beater, to beat the hot chocolate until it is foamy.

Never leave milk unattended while on the stove since it will easily boil over.

VOCABULARY (Words Derived from Spanish)

Armada—from armada, the naval forces of a nation

Mustang—from mustengo, a horse that roams free

Lariat—from la reata, the lasso

Tomato—from tomate

Jaguar—from yaguar or jaguar

Cargo—from carga, load

LEARNING LAUNCH

Following are some examples of assignments and projects that may be used to help students learn more about Mexico and its culture (see Appendix A for additional assignments).

1. Have the students report on the explorations of Hernán Cortés, Francisco Hernández de Córdoba, and Juan de Grijalva. Reports should include point and date of departure, place and date of arrival in Mexico, method of transport, duration of the expeditions, number of explorers involved, challenges, and achievements.

2. Ask the students to report on the origins and cultivation of the cacao tree, the uses of chocolate by the native Americans, and the processing of cacao beans to make various chocolate products, from cocoa to cocoa butter, chocolate for baking, candy bars, and truffles. Arrange a chocolate tasting using milk chocolate bars from various producers in the United States (e.g., Hershey, Godiva) and in other countries known for their chocolates, such as Belgium (e.g., Cote D'Or, Guylian), Germany (e.g., Ritter, Hachez), and Switzerland (e.g., Toblerone, Lindt). Ask the students to vote for their favorites. The imported chocolates are available in many good supermarkets or from various sites on the Internet.

3. Ask the students to form five groups; assign each group one of the five great Mexican Indian civilizations: Olmec, Toltec, Zapotec, Maya, and Aztec. Ask each group to report on the his-

tory, traits, social structure, and mythologies of its assigned civilization. Use these reports to generate discussion about the similarities and differences among them.

MORE LEARNING OPPORTUNITIES

The following topics may be used as subjects for class discussion or as assignments for research projects that can be tailored to particular grade levels.

Geography and Climate

- Popocatépetl
- Tropic of Cancer
- Peninsula and the Yucatán Peninsula
- The 1985 earthquake
- Isthmus and the Isthmus of Tehuantepec

Government

- Comparison of the powers of the Mexican and the U.S. presidents
- The PRI
- Napoleonic code
- The presidential elections of 2000
- The Porfirio Díaz dictatorship—its imposition, structure, and defeat

History

- Teotihuacán, Monte Albán, Tenochtitlán, and Chichén-Itza
- Pancho Villa
- The Gadsden Purchase
- U.S. intervention in 1914 and the seizure of Veracruz
- Montezuma
- The Battle of the Alamo
- Benito Juárez

Economy

- Oil in the Gulf of Mexico
- The maquiladora industry
- NAFTA
- Iron mining

Culture

- The feast of the Virgen de Guadalupe

- Octavio Paz

- El Día de los Muertos

- Frida Kahlo

- The Chicano movement in the United States

READING LIST

See Appendix B for additional information and readings.

De Felice, Cynthia. *Under the Same Sky.* **2003. Grades 7–10.**
An American boy's experiences working alongside the migrant workers on his father's farm.

Dumas Lachtman, Ofelia. *Summer of El Pintor.* **2001. Grades 5–8.**
Mystery about the disappearance of a girl's neighbor, known as El Pintor.

Garland, Sherry. *Valley of the Moon: The Diary of María Rosalía de Milagros.* **2001. Grades 5–8.**
A teen orphan in California in the mid-nineteenth century.

Jiménez, Francisco. *Breaking Through.* **2003. Grades 5–8.**
A 14-year-old boy's return to California after having been deported.

Martinez, Floyd. *Spirits of the High Mesa.* **1997. Grades 7–12.**
The clash between the past and the future in a story about a boy and his grandfather in New Mexico.

Mikaelson, Ben. *Sparrow Hawk Red.* **1994. Grades 6–9.**
A Mexican American boy goes into Mexico to avenge his mother's murder by drug smugglers.

Muñoz Ryan, Pam. *Esperanza Rising.* **2002. Grades 6–9.**
A 13-year-old girl's experiences after coming to the United States.

Nye, Naomi Shihab, Selector. *The Tree Is Older Than You Are: A Bilingual Gathering of Poems and Stories from Mexico with Paintings by Mexican Artists.* **1998. Grades 6+.**
An anthology of modern and ancient writings from Mexico.

Rice, David. *Crazy Loco: Stories.* **2001. Grades 7–12.**
Nine stories about growing up in south Texas.

Saldaña, René. *The Jumping Tree.* **2002. Grades 7–12.**
A boy's life along the Texas–Mexico border.

Talbert, Marc. *Small Change.* **2000. Grades 5–9.**
A boy on vacation in Mexico with his family is caught in the crossfire of a local guerrilla group.

Williams, Jeanne. *The Confederate Fiddle.* **1997. Grades 6–9.**
The adventures of a boy along the Mexican border during the Civil War.

INTERNET RESOURCES

See Appendix C for a list of additional general resources.

www.presidencia.gob.mx	Official site of the presidency
www.banxico.org.mx	Web site of the Banco de México
www.unam.mx	Universidad Nacional Autónoma de México
www.heraldo.com.mx	Web site of *El Heraldo,* one of the leading newspapers in the country
www.mexonline.com	Online guide to Mexico
www.cia.gov/cia/publications/factbook/geos/mx.html	The CIA's World Factbook—Mexico
www.lanic.utexas.edu/la/mexico	Mexico page of the Web site of the Latin American Network Information Center at the University of Texas
www.embassyofmexico.org	Web site of the Mexican embassy in the United States
www.loc.gov/rr/international/portals.html	The Library of Congress country information
www.countryreports.org	General information about Mexico
www.gksoft.com/govt/en/world.html	Contains links to many official sites about Mexico on the Internet

Capítulo 1B

México

INFORMACIÓN GENERAL

México es el único país que se encuentra tanto en Centroamérica como en Norteamérica. Tiene fronteras con Estados Unidos al norte, Guatemala y Belice al sur, el Océano Pacífico al oeste y el Océano Atlántico (el Golfo de México) al este. El Trópico de Cáncer pasa por el centro de México. México tiene una superficie de 758.136 millas cuadradas (1.963.564 kilómetros cuadrados), o sea que es como tres veces más grande que el estado de Texas.

Los símbolos nacionales son la bandera y el escudo. La bandera data de 1821 y tiene tres franjas verticales de igual ancho, de color verde, blanco y rojo, con el escudo en el centro. Los símbolos nacionales tomados de la naturaleza son la dalia y el caracará.

La moneda oficial es el peso.

Según el censo del 2000 hay aproximadamente 20.640.000 personas de descendencia mexicana en Estados Unidos.

Geografía y Clima

El país se puede dividir en cinco regiones geográficas:

- El altiplano central

- El Noroeste Pacífico

- Las planicies costeras a lo largo del Golfo de México

- La región montañosa en el sur a lo largo del Océano Pacífico

- La Península de Yucatán

15

El altiplano central, con elevaciones entre 6.000 y 9.000 pies (1.800 y 2.700 metros), cubre la mayor parte del país. En el oeste colinda con la Sierra Madre Occidental y en el este con la Sierra Madre Oriental. Estas cordilleras se unen en la parte sur del altiplano y continúan a lo largo del occidente del país hacia Guatemala, formando la Sierra Madre del Sur. A lo largo del sur del altiplano forman una cadena de montañas volcánicas. Aquí se encuentran los volcanes de Popocatépetl, que se eleva a una altura de 17.887 pies (5.452 metros), y Orizaba, que llega a una altura de 18.701 pies (5.700 metros) y es el pico más alto en México. Se puede comparar con el pico más alto en Norteamérica, Mount. McKinley en Alaska, con una elevación de 20.320 pies (6.194 metros). El Desierto de Sonora se encuentra en el norte del altiplano. El altiplano es la región más poblada del país. La capital, Ciudad de México, se encuentra en el mismo lugar donde quedaba la capital azteca de Tenochtitlán.

La península de Baja California y la región costera que queda al oeste de la Sierra Madre Occidental y a lo largo del Golfo de California conforman la región del Noroeste Pacífico. Mientras que Baja California es un área muy seca y desértica, el área de la costa occidental es muy fértil.

Las planicies costeras en la parte oriental del país corren a lo largo del Golfo de México, al este de la Sierra Madre Oriental. El norte de esta región es bastante árido, pero yendo hacia el sur aumenta la humedad y hay tierras fértiles y selvas tropicales.

El área montañosa a lo largo del Océano Pacífico incluye valles y altas planicies, como el altiplano de Oaxaca. En este altiplano quedaba Monte Albán, el centro religioso de los zapotecas. Los indios que aún viven aquí cultivan las planicies y los valles. Es una de las regiones cafetaleras del país.

La península de Yucatán es un área de tierras bajas al sur del Golfo de México. La mayor parte está cubierta de selvas tropicales. Aquí se encuentran las ruinas de la antigua ciudad maya de Chichén-Itza.

Esta diversidad geográfica da resultado a diferencias climáticas. Por lo general la parte sur de México recibe más precipitación que la parte norte, la cual tiende a ser más seca. La temporada de lluvia empieza en junio y entre más al sur, más tiempo dura. Algunas partes del sur reciben más de 40 pulgadas (100 centímetros) de lluvia al año.

Las temperaturas varían con la elevación tanto como con las estaciones. En las regiones más altas del altiplano central varían de 42°F (16°C) en el invierno hasta unos 73°F (23°C) en el verano, mientras que en las tierras bajas pueden variar de 70°F (21°C) en el invierno hasta 86°F (30°C) en el verano. En las montañas hay algunos picos que permanecen cubiertos de nieve. Los mexicanos llaman las regiones de tierras bajas tierra caliente. A las áreas con elevaciones entre 3.000 y 6.000 pies (914 y 1.828 metros) las llaman tierra templada, y a las regiones de más de 6.000 pies de altura tierra fría.

En México hay muchos volcanes que están en actividad. Popocatéptl explotó en diciembre del 2000 pero no causó graves daños. El más reciente terremoto de gran magnitud ocurrió el 19 y 20 de septiembre de 1985 en Ciudad de México y sus alrededores. Muchos edificios fueron destruidos y hubo más de 7.000 muertos.

El río más importante de México es el Río Bravo del Norte, conocido como el Río Grande en Estados Unidos. Desemboca en el Golfo de México y conforma más de la mitad de la frontera con Estados Unidos. Otros ríos que desembocan en el golfo son el San Fernando, el Pánuco y los ríos Grijalva y Usumacinta en el sur. Entre los ríos que desembocan en el Océano Pacífico están el Yaqui, el Fuerte, el Santiago y el Balsas.

Población

México tiene un poco más de 104 millones de habitantes. La mayor parte de la población es mestiza, de descendencia española e indígena. Aproximadamente el 30 por ciento es indígena y menos del 10 por ciento es blanca. Gran parte de la población indígena desciende de los mayas y los aztecas, y algunos hablan varios idiomas indígenas, entre ellos maya, náhuatl y varios dialectos de los dos, como el mixteca, otomí y zapoteca. A veces los indígenas hablan muy poco español.

Unas dos terceras partes de la población viven en áreas urbanas. El área metropolitana de Ciudad de México tiene alrededor de 20 millones de habitantes. Otras dos ciudades importantes son Guadalajara con más de 2 millones de habitantes y Monterrey con casi 2 millones.

Gobierno

México es una república federal, como Estados Unidos. Su nombre oficial es Estados Unidos Mexicanos. La constitución, que data de 1917, establece tres poderes de gobierno—el Ejecutivo, el Legislativo y el Judicial. El presidente es elegido por un período de seis años y no puede ser reelegido. La Legislatura está conformada por el Senado, con 128 miembros que también se eligen por períodos de seis años, y la Cámara de Diputados, con 500 miembros que se eligen por períodos de tres años. Los miembros de la Legislatura no pueden ejercer períodos consecutivos. El poder judicial está conformado por la Corte Suprema de Justicia, con 21 miembros vitalicios nombrados por el presidente, y por muchas cortes menores.

El país está dividido en 31 estados y el Distrito Federal, donde se encuentra la capital, Ciudad de México. Cada estado tiene un gobernador quien es elegido por un período de seis años y una Cámara de Diputados cuyos miembros ejercen por tres años y no pueden ser reelegidos para períodos consecutivos.

El Partido Revolucionario Institucional (PRI) es el partido mayoritario en México. El PRI gobernó México desde 1929 hasta el 2000, cuando Vicente Fox, el candidato del Partido de Acción Nacional (PAN) ganó las elecciones presidenciales. Hay otros partidos más pequeños pero ellos no ejercen un papel significativo en el gobierno.

Historia

Civilizaciones Indígenas

Los científicos creen que los primeros pobladores de México llegaron unos 20.000 años antes de Cristo. Pero no se formaron asentamientos permanentes sino alrededor de 7.000 A.C. en el altiplano central, cuando los indígenas descubrieron la agricultura y empezaron a cultivar el maíz, los frijoles y otras plantas.

La primera civilización indígena de importancia fue la de los olmecas, que duró de alrededor de 2000 A.C. hasta 100 A.C. El período siguiente, de 250 D.C. hasta 900 D.C., se conoce como el Período Clásico. Durante ese tiempo florecieron las civilizaciones maya y zapoteca. Los antropólogos creen que éstas pueden haberse acabado a causa de cambios climáticos.

Después de un tiempo durante el cual hubo muchas guerras, surgió la civilización tolteca en la región de Ciudad de México, y se esparció hasta la península de Yucatán. El imperio tolteca duró como hasta 1200 D.C. La siguiente y última gran cultura indígena que floreció en México fue la azteca. Su capital, Tenochtitlán, quedaba donde ahora está Ciudad de México. El imperio azteca duró desde 1300 hasta que lo destruyeron los españoles en 1521.

El Dominio Español

Los españoles llegaron a México en 1517, cuando Francisco Hernández de Córdoba llegó de Cuba a explorar la región, desembarcando en la península de Yucatán. A él le siguieron Juan de Grijalva en 1518 y Hernán Cortés en 1519. Cortés fundó la ciudad de Veracruz, el primer asentamiento español en lo que ahora es México. Después marchó hacia Tenochtitlán, donde el emperador azteca Montezuma le permitió entrar a la ciudad pensando que los españoles eran dioses. Cortés capturó a Montezuma pero tuvo que huir cuando los aztecas se rebelaron. Volvió en 1521 y derrotó a los aztecas en agosto de ese mismo año.

Los españoles les permitieron cierta autonomía a los aztecas, pero también los obligaron a pagar impuestos y aceptar la religión Católica. Después de poco los indios empezaron a trabajar para los españoles en las minas de plata y las haciendas.

España estableció una Capitanía para gobernar México. Para fines del siglo dieciocho los colonos, a quienes se les conocía como peninsulares si eran nacidos en España y como criollos si eran nacidos en México, empezaron a resentir el control del rey de España. Cuando Francia invadió a España en 1808 algunos colonos vieron la oportunidad para obtener su independencia.

El 15 de septiembre de 1810 Miguel Hidalgo y Costilla hizo un llamado por la independencia en un discurso que llegó a llamarse el Grito de Dolores. Pero en 1811 los españoles lo capturaron y lo ejecutaron. Durante los diez años siguientes hubo períodos de paz y de rebelión. En 1821 Agustín de Iturbide, quien estaba al mando del ejército español que debía derrotar a los rebeldes, hizo en vez las paces con ellos y México declaró su independencia.

Período Poscolonial

Los conservadores querían una monarquía y nombraron a Iturbide como emperador en 1822. Pero él fue destituido en 1823, y en 1824 los liberales establecieron una república. El resto del siglo diecinueve fue un período turbulento en la historia mexicana, de rebeliones militares, dictaduras y guerras. Durante este tiempo México perdió gran parte de su territorio ante Estados Unidos.

Entre 1833 y 1855 el general Antonio López de Santa Anna gobernó México varias veces. Cuando Texas, donde habían ido muchos norteamericanos, trató de independizarse de México, Santa Anna los derrotó en la Batalla del Álamo en 1836. Pero los norteamericanos lo derrotaron en la Batalla de San Jacinto ese mismo año, y Texas declaró su independencia y más tarde se incorporó a la unión norteamericana. Para ese entonces el territorio de Texas abarcaba, además de lo que hoy es Texas, parte de los estados de Colorado, Kansas, New Mexico, Oklahoma y Wyoming. Los litigios fronterizos entre México y Estados Unidos llevaron a la Guerra Mexicano-Americana, que duró de 1846 a 1848. La guerra terminó con el Tratado de Guadalupe Hidalgo, el cual le cedió a Estados Unidos la mayor parte de lo que hoy es el suroeste norteamericano, incluso los estados de California, Arizona, Nevada, Utah y partes de Colorado, Wyoming y New Mexico. Más tarde México le vendió a Estados Unidos otras partes de Arizona, y New Mexico en la Compra de Gadsden en 1853.

Después vino un período de conflictos civiles y de reformas. Benito Juárez fue un líder en la Guerra de la Reforma, que duró hasta 1861 y dejó a México con muchas deudas internacionales. Cuando Juárez dejó de pagar estas deudas Inglaterra, Francia y España invadieron México en 1862. En 1864 los franceses, con la ayuda de conservadores mexicanos establecieron a Maximiliano, el Archiduque de Austria, como emperador. Pero Francia se retiró en 1867 y Juárez volvió al poder hasta su muerte en 1872. En 1874 Porfirio Díaz derrocó el gobierno e impuso una dictadura que duró hasta 1911.

Los revolucionarios que en 1910 empezaron lo que llegó a llamarse la Revolución Mexicana obligaron a Díaz a renunciar. Esto llevó a otro período de grandes reformas pero los dirigentes revolucionarios también pelearon entre sí mismos y contra los conservadores. Entre los dirigentes revolucionarios destacados están Francisco Madero, Venustiano Carranza, Pancho Villa y Emiliano Zapata. En 1917 establecieron una nueva constitución, la cual todavía rige.

El PRI, al principio llamado el Partido Revolucionario Nacional, fue creado en 1929. El PRI gobernó México durante los 70 años siguientes, introduciendo un período de cierta estabilidad política, pero también de corrupción y abusos de poder. En el 2000 el PAN llegó al poder con Vicente Fox.

México todavía tiene muchos problemas sociales, como lo demuestra la rebelión en 1994 del Ejército Zapatista de Liberación Nacional (EZLN). El EZLN ha estado negociando reformas adicionales con el gobierno de Fox.

Economía

La economía de México es básicamente industrial. Sus principales industrias son la petrolera y la minera. Los productos más importantes de la industria minera son el oro, el cobre, el plomo y la plata. Otros importantes productos industriales son el acero y la maquinaria.

Entre los productos agrícolas están el maíz, los frijoles, al algodón, el café, la caña de azúcar y los aguacates. México también exporta grandes cantidades de frutas y verduras.

El turismo y la industria maquiladora también son fuentes importantes de ingresos y de empleos. Las plantas y fábricas, en su mayoría junto a la frontera con Estados Unidos, donde empresas extranjeras tienen puestos de montaje de varios tipos se llaman maquiladoras.

México firmó el Tratado de Libre Comercio de América del Norte (TLCAN) en 1993 junto con Canadá y Estados Unidos. El TLCAN fomenta el comercio entre los asociados con la reducción o eliminación de las tarifas sobre las importaciones.

Cultura

Los mexicanos se precian de su patrimonio mestizo y de su país. Valoran la vida familiar y tienen gran respeto por la gente mayor. No es raro que varias generaciones de una familia vivan juntas. También valoran la hospitalidad, y es común tanto llegar de visita sin previo aviso, como pasar largo rato conversando antes de cenar.

La Organización de las Naciones Unidas para la Educación, la Ciencia y la Cultura (UNESCO por su sigla en inglés) mantiene un registro de sitios, eventos y tradiciones culturales de todo el mundo. El registro incluye una lista de sitios tangibles, llamada Lista del Patrimonio Mundial, y una lista de eventos y tradiciones intangibles, llamada Lista del Patrimonio Oral e Inmaterial de la Humanidad. Para México este registro incluye la Ciudad Pre-hispánica de Teotihuacán, la Ciudad Pre-hispánica de Chichén-Itza y la fiesta del Día de los Muertos.

Fiestas y Festivales

Las fiestas nacionales más importantes son los Días de la Independencia el 15 de septiembre, cuando se celebra el Grito de Dolores, y el 16 de septiembre, cuando se celebra la independencia. Durante estos dos días en muchos pueblos y ciudades leen el discurso del Grito de Dolores, hay desfiles militares, y por la noche hay fuegos artificiales. Otras fiestas nacionales son el Cinco de Mayo, que celebra la derrota de los franceses en la Batalla de Puebla en 1862, y el natalicio de Benito Juárez el 21 de marzo. Aunque el Cinco de Mayo es un día de fiesta nacional, en el estado de Puebla lo celebran más que en el resto del país. En la ciudad de Puebla empiezan las fiestas con desfiles y bandas. Gente vestida de soldados mexicanos y franceses marchan en los desfiles, y por la tarde hacen una recreación de la batalla. En el transcurso del día funcionarios públicos pronuncian discursos, y hay mariachis, comidas tradicionales y piñatas para los niños. Las fiestas terminan por la noche con fuegos artificiales. En muchas ciudades en Estados Unidos los mexicano-americanos también celebran este día con desfiles, música, baile y comida.

La mayoría de los mexicanos son católicos y celebran varias importantes fiestas religiosas. La más importante es la fiesta de la Virgen de Guadalupe, la patrona de México, el 12 de diciembre. Ese día hacen peregrinaciones a la Baíslica de Guadalupe, en la parte norte de Ciudad de México. La basílica queda en el mismo sitio donde, según la leyenda, la Virgen María, también llamada la Virgen Morena, se apareció al indio Juan Diego en 1531 y le pidió que le construyeran un templo en su honor. La imagen de la virgen quedó estampada en su manto, el cual se encuentra en la basílica. La construcción de la basilica se completó en 1976 y tiene cupo para 50.000 personas. En el 2004 las autoridades mexicanas estimaron que más de dos millones de personas vinieron a la basílica el 12 de diciembre. Durante la peregrinación la gente le canta a la virgen la tradicional canción de cumpleaños mexicana, "Las Mañanitas," le piden milagros, le dan gracias y le traen ofrendas.

El Día de los Muertos se celebra por varios días a fines de octubre y a principios de noviembre en honor de los muertos. Es una mezcla de tradiciones indígenas basadas en el ciclo del maíz y tradiciones católicas. Los mexicanos creen que las almas de los muertos regresan de visita y hacen preparativos especiales para su regreso. Les construyen altares y decoraciones con sus retratos, flores y otros objetos relacionados con ellos. En las tumbas de los niños ponen flores y dulces. También traen las comidas favoritas de los muertos a los cementerios, y les encienden velas a los muertos. Mucha gente se pasa el día y a veces la noche en el cementerio, comiendo las comidas que han preparado y recordando a los muertos. Durante las fiestas los panaderos hacen un pan especial que se llama pan de muerto. Es un pan dulce con uvas pasas y con decoraciones en forma de huesos y esqueletos hechas a base de azúcar en polvo. En los almacenes venden esqueletos hechos de papier-mâché y dulces en forma de calaveras.

Entre el 16 y el 24 de diciembre los mexicanos celebran las posadas. Cada noche hay procesiones que van de casa en casa recreando el viaje de María y José a Belén.

La celebración de Semana Santa, que empieza el Domingo de Palmas, también es importante. La ciudad de Taxco, con sus calles sinuosas y sus bellos edificios en el estilo barroco, es famosa por su celebración de Semana Santa. El Domingo de Palmas mucha gente lleva palmas mientras que andan detrás de una figura que representa a Jesús sobre un burro. La noche del Jueves Santo mucha gente participa en una procesión silenciosa durante la cual muchos de ellos se flagelan en arrepentimiento de sus pecados. Hay otras procesiones en las cuales la gente carga imágenes de Cristo y de los santos. El Viernes Santo hay una recreación de la crucifixión y del entierro de Cristo.

Las celebraciones del carnaval en Veracruz y en Mazatlán también son muy conocidas. Las corridas de toros y las peleas de gallos son populares en todo el país. Taxco también es conocida por sus minas de plata y por los artesanos que trabajan la plata para hacer joyería y muchos otros objetos. A fines de noviembre hay una feria de plata durante la cual los artesanos demuestran su trabajo. Gente de todo el mundo viene a esta feria.

Comida

Los mexicanos están muy orgullosos de su cocina tradicional, y la preparación de sus platos es algo que toman muy en serio. De hecho, en el 2004 México hizo una solicitud ante la UNESCO para incluir su cocina tradicional en la Lista del Patrimonio Oral e Inmaterial de la Humanidad. Se espera que la UNESCO tome una decisión con respecto a esta solicitud en el 2005.

El maíz, los chiles y los frijoles son ingredientes claves en la cocina mexicana. La comida más común hecha del maíz es la tortilla, una torta delgada hecha de harina de maíz. La tortilla, también conocida como "el pan de México," es el componente básico para hacer tacos—una tortilla rellena y doblada, enchiladas—tortillas rellenas y enrolladas y servidas con salsa de chiles, tostadas—tortillas fritas servidas con chiles, carne, queso y/o cebolla picada, y quesadillas—tortillas frescas rellenas con carne, queso, chiles y/o frijoles que se doblan, se cierran y se fríen. El maíz también se usa para tamales, que se hacen con masa de harina de maíz, rellena con carne, envuelta en la envoltura de la mazorca y cocida al vapor.

Los chiles también se usan en muchos platos. Los grandes se usan para hacer chiles rellenos. Chiles en nogada es un plato nacional que suelen preparar durante las celebraciones de la independencia. Los chiles se rellenan y se sirven con una salsa blanca, semillas rojas de la granada y cilantro fresco, que representan los colores de la bandera mexicana.

El mole poblano es otro plato nacional hecho con pavo o pollo que se prepara con una salsa compleja hecha a base de muchos ingredientes, incluso chiles y chocolate. Ya que hay muchos ingredientes regionales, hay una gran variedad en la cocina mexicana. Entre los platos regionales están el cabrito, cabro joven asado, que es común en el norte del país, huachinango a la veracruzana, y el pollo pibil de Yucatán, que consiste de pollo envuelto en hojas de banano y cocido al vapor.

Música

En México con frecuencia se oye música en las calles y las plazas de los pueblos y ciudades. Los mariachis, grupos con guitarras, violines y trompetas, son quizás la música mexicana más conocida. Los músicos suelen vestirse de pantalones y chaquetas con muchos adornos y bordados de plata. Las canciones que tocan los mariachis se llaman corridos y rancheras. La música de marimba es muy popular en el sudeste y en la costa del Golfo de México. El Ballet Folklórico de México tiene renombre mundial por sus danzas y su música.

Artes y Letras

Octavio Paz y Carlos Fuentes son dos escritores mexicanos que han alcanzado fama internacional. Octavio Paz ganó el Premio Nobel de Literatura en 1990.

Quizás los más conocidos artistas mexicanos modernos son los muralistas, cuyas obras más importantes son de la primera mitad del siglo veinte. Entre ellos están Diego Rivera, José Clemente Orozco y David Alfaro Siqueiros. Muchas de sus obras pueden apreciarse en edificios por todo México. Entre los pintores famosos están Rufino Tamayo y Frida Kahlo, la esposa de Diego Rivera. Juan O'Gorman es conocido ante todo por sus mosaicos de piedra que decoran por fuera todo el edificio de la biblioteca de la Universidad Nacional Autónoma de México.

RECETAS

Aguacate

El aguacate viene probablemente del sur de México, aunque los arqueólogos han encontrado lo que creen son semillas de aguacate de 750 A.C. en Perú. El nombre en español viene de la palabra azteca *ahuacatl*. El nombre en inglés viene de la palabra en español. En inglés a veces también se le dice *alligator pear* (pera de lagarto), presuntamente porque la palabra en español era muy difícil de pronunciar.

El aguacate es una fruta, no una verdura, y es extremamente rico en vitaminas, minerales, grasa monosaturada y fibra. El aguacate contiene más potasio que el banano. Por su alto valor nutritivo es un alimento ideal para niños, deportistas y diabéticos.

Hay muchas variedades de aguacates, pero generalmente se dividen en tres clases. Los antillanos son grandes (como dos libras, casi un kilo) y tienen una piel lisa y brillante. Los de Guatemala son más pequeños y tienen la piel oscura y áspera. Los mexicanos son aún más pequeños, con piel delgada y brillante. La variedad más popular en Estados Unidos es el Hass, el cual es de tipo guatemalteco y fue descubierto en California por 1920. California produce más del 90 por ciento de los aguacates en Estados Unidos, y el Hass constituye más del 80 por ciento de la producción.

El uso más común de los aguacates es en ensaladas y en salsas como el guacamole. El nombre de esta salsa viene de la palabra azteca *ahuacamolli*. Pero los aguacates también se están usando cada vez más de otras maneras. Se usan en sopas, en las pizzas, como un ingrediente en varios platos de camarones, pollo y ternera, y también se pueden preparar a la parrilla.

La mejor manera de saber si el aguacate está bien maduro para comer es presionando suavemente la parte donde el aguacate estaba colgado del árbol. Si está duro, el aguacate no está listo y puede durar varios días en madurar. Si está blando, el aguacate está listo para comer. A veces, cuando el aguacate está bien maduro, la semilla se suelta de la carne y se puede oír cuando se menea el aguacate.

Para pelar un aguacate use un cuchillo para cortar el aguacate a lo largo hasta llegar a la semilla. Mueva las dos partes suavemente en dirección opuesta hasta que una se suelte de la semilla. Meta la punta del cuchillo en la semilla y mueva la semilla hasta que se suelte de la otra parte. Si va a machacar el aguacate, como para un guacamole, saque la carne de la cáscara con una cuchara. Si necesita pedazos de aguacate, haga varias cortadas a lo largo y a través como a media pulgada entre cada cortada hasta llegar a la cáscara, y entonces saque los pedazos con una cuchara. Si necesita tajadas para una ensalada, corte cada mitad del aguacate por la mitad, pele la cáscara con cuidado, y corte tajadas del grosor deseado.

Pico de gallo

El pico de gallo es una salsa picante que por lo general se sirve con pedazos de tortillas fritas como aperitivo, pero también se puede usar como un condimento para muchos platos hechos a base de tortillas, como los tacos y las tostadas.

1 taza de jalapeños picados*
1 taza de cebolla roja picada
1 taza de tomates picados, sin semillas
¼ de taza de jugo de lima fresco
1 cucharada de aceite de oliva
5 cucharadas de cilantro fresco picado
1 aguacate grande o 2 pequeños, cortado en cuadritos
Sal y pimienta recién molida al gusto

Mezcle todos los ingredientes menos el aguacate y refrigere la mezcla. Antes de servir agregue el aguacate y mezcle bien. Sírvalo con pedazos de tortillas fritas.

*Notas: Puede usar jalapeños frescos o en lata o en frasco, que se consiguen en cualquier supermercado. Tenga cuidado de no tocarse la cara sin antes lavarse bien las manos después de picar los jalapeños. Si no quiere el pico de gallo muy picante puede usar menor cantidad de jalapeños.

Guacamole

El guacamole se puede servir como una salsa con pedazos de tortillas fritas, como parte de una ensalada, o como parte de muchos platos típicos mexicanos.

2 aguacates
2 cucharadas de cebolla picada bien fina
1 chile serrano, fresco o en lata, picado*
1 tomate picado, sin semillas
2–3 cucharadas de cilantro picado
Sal y pimienta recién molida al gusto

Pele y corte los aguacates en pedazos, póngalos en un tazón y macháquelos. Agregue el resto de los ingredientes y mezcle bien. Sirva el guacamole refrigerado como una ensalada sobre lechuga, o al clima con pedazos de tortillas fritas o sobre tacos o tostadas.

*Notas: Tenga cuidado de no tocarse la cara sin antes lavarse bien las manos después de picar el serrano.

Enchiladas

Este plato se puede servir como plato fuerte. Consiste en tortillas que se rellenan con carne, queso y otros ingredientes y lleva una salsa de chiles.

1 pechuga de pollo entera, sin piel y deshuesada*
8 chiles poblanos
1 lata (14½ onzas) de tomates picados (14½ onzas), sin su líquido
2 dientes de ajo picado
2 cucharadas de cilantro picados
¼ taza de cebolla picada
8 tortillas de maíz*
1½ taza de queso Monterey Jack rallado

Ponga la pechuga de pollo en una olla con agua suficiente para cubrirla sobre fuego entre moderado y alto. Cuando empiece a hervir baje el fuego y cocine a fuego lento por 15 minutos. Saque la pechuga y conserve el caldo. Apenas la pechuga se enfríe un poco, desmenúcela.

Corte los chiles por la mitad y sáqueles las semillas y los centros. Ponga a cocinar los chiles a fuego moderado en el caldo donde se cocinó el pollo. Cuando empiece a hervir baje el fuego y siga cocinando a fuego lento por 10 minutos. Pase los chiles a una licuadora y conserve el caldo. Agregue el tomate picado, el ajo, el cilantro y ¼ de taza del caldo y pulse la licuadora hasta que quede una salsa bien espesa. Si es necesario, agregue más líquido.

Para poder enrollar las tortillas sin que se quiebren hay que calentarlas primero. Ponga las tortillas una sobre la otra con un pedazo de toalla de papel humedecida entre cada tortilla. Envuelva las tortillas en papel de aluminio y póngalas en el horno a 325°F (160°C) por unos 10 minutos.

Unte un lado de las tortillas con un poco de la salsa. Agregue la cebolla y una taza del queso rallado al pollo y mezcle bien. Divida esta mezcla igualmente entre las tortillas y enróllelas. Ponga las tortillas en un molde de hornear de 9 x 13 pulgadas untado con mantequilla, dejando un poco de espacio entre cada una para que se puedan servir fácilmente. Vierta lo que queda de la salsa sobre las tortillas y rocíe el resto del queso rallado por encima. Ponga el molde al horno a 475°F (245°C) sólo hasta que se derrita el queso, unos 5–7 minutos. Sirva con guacamole y/o lechuga, tomate y jalapeños picados.

*Notas: En vez de pollo, puede usar carne molida cocida. Las tortillas de maíz frescas se consiguen en la sección de productos refrigerados en cualquier supermercado o en un mercado hispano.

Esta receta se puede simplificar usando un frasco grande (20–24 onzas) de alguna de las salsas mexicanas hechas a base de chiles, tomate y cebolla. Si prefiere, puede agregarle un poco de salsa picante mexicana o unos jalapeños picados. Deje escurrir la salsa en un cedazo por 10–15 minutos y conserve el líquido. Pase la salsa a una licuadora o un procesador, y pulse la máquina, agregando suficiente líquido conservado para obtener una salsa sin grumos que se pueda verter sobre las tortillas. Para simplificar la receta aun más, en algunos mercados hispanos también se consiguen salsas ya preparadas para las enchiladas.

Chocolate

El chocolate es una bebida espumosa muy popular hecha con agua o leche y chocolate mexicano en tabletas. Se prepara con frecuencia para el desayuno, pero mucha gente también lo bebe a cualquier hora del día.

> 6 tabletas de chocolate mexicano (dos marcas comunes son Abuelita e Ibarra)*
> 6 tazas de leche

Combine los ingredientes en una olla. Sin dejar que llegue a hervir, cocine sobre fuego entre moderado y lento, revolviendo constantemente. Cuando el chocolate esté completamente derretido, retire la olla del fuego y bata con una batidora hasta que la mezcla quede espumosa.* Vierta en seis tazas y sirva.

*Notas: El chocolate mexicano, que se consigue en los mercados hispanos, ya viene endulzado y a veces también tiene canela y/o clavos de olor. En México usan un molinillo de madera para batir el chocolate.

Nunca deje leche sobre el fuego sin atenderla ya que puede hervir y derramarse muy fácilmente.

VOCABULARIO (Palabras derivadas del inglés)

Generalmente aceptadas	*De uso popular o Spanglish*
Confort—comfort	Troca—truck
Bistec—beef steak	Mol—mall
Siropa—syrup	Pudín—cake

PARA EMPEZAR A APRENDER

Estos son algunos ejemplos de tareas y proyectos que se pueden usar para que los alumnos aprendan más sobre México (vea el Apéndice A para otras tareas y proyectos):

1. Pídales a los alumnos que preparen informes sobre las exploraciones de Hernán Cortés, Francisco Hernández de Córdoba y Juan de Grijalva. Los informes deben incluir los sitios y fechas de partida, los lugares y fechas de llegada a México, los métodos de transporte, el tiempo que duraron las expediciones, el número de exploradores que participaron, y los desafíos y logros.

2. Pídales a los alumnos que preparen informes sobre los orígenes y el cultivo del árbol de cacao, los usos del chocolate por los indígenas, y el procesamiento del cacao para elaborar varios productos de chocolate, desde el cacao en polvo hasta la mantequilla de cacao, chocolate para hornear, dulces de chocolate y trufas. Organice una degustación de chocolate usando barras de chocolate de varios productores en Estados Unidos (por ejemplo Hershey y Godiva) y en otros países famosos por sus chocolates, como Bélgica (por ejemplo Cote D'Or y Guylian), Alemania (por ejemplo Ritter y Hachez), y Suiza (por ejemplo Toblerone y Lindt). Los alumnos deben votar por sus favoritos. Los chocolates importados se consiguen en muchos supermercados de buena calidad o se pueden pedir a través de la Internet.

3. Pídales a los alumnos que formen cinco grupos y asígnele a cada uno de ellos una de las cinco grandes civilizaciones indígenas mexicanas: olmeca, tolteca, zapoteca, maya y azteca. Cada

grupo debe presentar un informe sobre la historia, características, estructura social y mitología de cada civilización. Use estos informes para generar una discusión sobre las similitudes y diferencias entre ellas.

MÁS OPORTUNIDADES PARA APRENDER

Los siguientes tópicos se pueden usar como temas para discusiones en clase o como tareas para proyectos de investigación que se pueden adaptar para varios cursos.

Geografía y Clima

- Popocatépetl
- El Trópico de Cáncer
- Península y la península de Yucatán
- El terremoto de 1985
- Istmo y el Istmo de Tehuantepec

Gobierno

- Comparación de los poderes de los presidentes de México y de Estados Unidos
- El PRI
- El código napoleónico
- Las elecciones presidenciales del 2000
- La dictadura de Porfirio Díaz—su implantación, estructura y derrota

Historia

- Teotihuacán, Monte Albán, Tenochtitlán, y Chichén-Itza
- Pancho Villa
- La Compra de Gadsden de territorio mexicano
- Intervención de Estados Unidos en 1914 y la toma de Veracruz
- Montezuma
- La Batalla del Álamo
- Benito Juárez

Economía

- El petróleo en el Golfo de México

- TLCAN
- La minería del hierro
- La industria maquiladora

Cultura

- La fiesta de la Virgen de Guadalupe
- Octavio Paz
- El Día de los Muertos
- Frida Kahlo
- El movimiento Chicano en Estados Unidos

LECTURAS

Para más información y otras lecturas vea el Apéndice B.

De Felice, Cynthia. *Under the Same Sky.* **2003. Cursos 7–10.**
Las experiencias de un joven estadounidense trabajando junto a los inmigrantes que trabajan en la hacienda de su padre.

Dumas Lachtman, Ofelia. *Summer of El Pintor.* **2001. Cursos 5–8.**
El misterio de la desaparición del vecino de una niña, conocido como El Pintor.

Garland, Sherry. *Valley of the Moon: The Diary of María Rosalía de Milagros.* **2001. Cursos 5–8.**
Una huérfana adolescente en California a mediados del siglo diecinueve.

Jiménez, Francisco. *Senderos fronterizos.* **2002. Cursos 5–8.**
Un joven de 14 años regresa a California después de haber sido deportado.

Martinez, Floyd. *Spirits of the High Mesa.* **1997. Cursos 7–12.**
El choque entre el pasado y el futuro en un cuento sobre un joven y su abuelo en New Mexico.

Mikaelson, Ben. *Sparrow Hawk Red.* **1994. Cursos 6–9.**
Un joven mexicano-americano va a México para vengar el asesinato de su madre por parte de traficantes de drogas.

Muñoz Ryan, Pam. *Esperanza renace.* **2002. Cursos 6–9.**
Las experiencias de una joven de 13 años al llegar a Estados Unidos.

Nye, Naomi Shihab, Selector. *The Tree Is Older Than You Are: A Bilingual Gathering of Poems and Stories from Mexico with Paintings by Mexican Artists.* **1998. Cursos 6+.**
Una antología de escritos modernos y antiguos de México.

Rice, David. *Crazy Loco: Stories.* **2001. Cursos 7–12.**
Nueve cuentos de jóvenes mexicanos en el sur de Texas.

Saldaña, René. *The Jumping Tree.* **2002. Cursos 7–12.**
La vida de un joven en la frontera de Texas con México.

Talbert, Marc. *Small Change.* **2000. Cursos 5–9.**

Un muchacho de vacaciones con su familia en México se encuentra en el fuego cruzado de una guerrilla local.

Williams, Jeanne. *The Confederate Fiddle.* **1997. Cursos 6–9.**

Las aventuras de un muchacho a lo largo de la frontera mexicana durante la Guerra Civil.

RECURSOS EN LA INTERNET

Vea el Apéndice C para otros recursos generales.

www.presidencia.gob.mx	Página oficial de la presidencia
www.banxico.org.mx	Página del Banco de México
www.unam.mx	Universidad Nacional Autónoma de México
www.heraldo.com.mx	Página de *El Heraldo,* uno de los principales periódicos del país
www.mexonline.com	Guía de México
www.cia.gov/cia/publications/factbook/geos/mx.html	World Factbook, el libro mundial de datos de la CIA—México
www.lanic.utexas.edu/la/mexico	Página sobre México del Latin American Network Information Center de la University of Texas
www.embassyofmexico.org	Página de la embajada de México en Washington
www.loc.gov/rr/international/portals.html	Página de la Library of Congress con información sobre países
www.countryreports.org	Información general sobre México
www.gksoft.com/govt/en/world.html	Contiene enlaces a sitios oficiales de México en la Internet

Chapter 2A

GENERAL INFORMATION

Cuba is part of the chain of islands known as the West Indies. It is an archipelago, or group of islands, made up of the largest island in the West Indies, a smaller island called Isla de la Juventud (Isle of Youth), and over 1,000 small islands and keys. Another example of an archipelago is the Hawaiian Islands in the United States. With a total area of 42,803 square miles (110,860 square kilometers), Cuba is about the size of Pennsylvania. Cubans refer to the island as the Pearl of the Antilles.

The national symbols are the flag and the coat of arms. The flag was officially adopted in 1902 but dates from 1850. It has five alternating blue and white stripes and a red triangle with a white star in the middle. National emblems taken from nature are the royal palm; the white butterfly flower, which is a type of jasmine; and the *tocororo* (toh-co-**roh**-roh), a bird similar to the *quetzal* (keht-**sahl**), which has the same colors as the flag.

The official currency is the peso.

According to the 2000 U.S. Census there are approximately 1,241,000 people of Cuban descent in the United States.

Geography and Climate

The geography of Cuba includes mountains, rain forests, grasslands, and harbors. There are three major mountain ranges. The Sierra Maestra is in the southeast of the island and runs east to west. The highest point in Cuba, Pico Turquino, with an elevation of 6,542 feet (1,994 meters), is in the Sierra Maestra. The Sierra de Trinidad, situated in the middle of the island, covers a large section, almost from coast to coast. The Sierra de Los Órganos, so called because it looks like organ pipes, and the smaller Sierra del Rosario cover most of the northwestern part of the island. Mountains cover about one-fourth of the island. The mountains give birth to many small, short rivers.

Tropical forests and pine trees that grow in the mountains cover a large part of the southeast of the island. Many fertile areas and grasslands between the mountain ranges make up about half of the island. Well-protected harbors, including Havana, Santiago, and Guantánamo, ring the island.

Cuba lies just below the Tropic of Cancer and has a fairly mild climate influenced by the Trade Winds, without significant temperature changes from summer to winter. Temperatures range from about 80°F (27°C) in the summer to about 70°F (21°C) in the winter. Sometimes frost appears in the mountains. The rainy season extends from May through October and the dry season from November through April. The average annual rainfall is 54 inches (137 centimeters). As are most of the islands in the West Indies, Cuba is affected by hurricanes during the latter part of the rainy season.

Population

Cuba has a population of approximately 11.2 million. About two-thirds of the population is of Spanish descent. About 20 percent is mulatto, of mixed black and white descent, and the rest is of black descent.

Three-quarters of the population lives in urban areas. The population of Havana, the capital, is about 2.2 million. Santiago de Cuba is the next largest city, with a population of about 1 million. Other large cities include Holguín, Villa Clara, Camagüey, and Pinar del Río. The rest of the people live in small villages and in the countryside. The rural population is fairly poor. The state-owned farms employ most of the people living in rural areas.

Government

The Cuban government describes itself as a socialist republic, governed by the constitution of 1976. Its official name is República de Cuba. But a dictator, Fidel Castro, and the Communist Party of Cuba rule the island. Castro presides over the Council of State, which has 31 members including the president. The members of the Council of State are elected from the members of the National Assembly.

The National Assembly, whose official name is the National Assembly of People's Power, has 601 members who are elected for five-year terms. These elections are controlled by the Communist Party, which approves the candidates for the elections. The National Assembly meets for two sessions a year. During the rest of the year the Council of State acts as a legislature, enacting laws and special decrees. The president of the Council of State appoints a Council of Ministers. These ministers manage the day-to-day work of the government.

The judicial branch of the government consists of the People's Supreme Court and other courts, including those that are in charge of making sure that there is no political dissent. The Council of State controls all courts.

Cuba is divided into 14 provinces and the special municipality of the Isla de la Juventud. The provinces are made up of municipalities. An assembly governs each province and municipality.

History

Before Christopher Columbus arrived in Cuba in 1492, the Taíno Indians inhabited most of the island. They also inhabited many of the other islands of the West Indies. The Siboneyes were a smaller tribe that also inhabited parts of Cuba. The Taínos were part of the Arawak culture, which came from northern South America. Most of the native population was quickly destroyed by the Spanish conquest and by disease.

Diego Velázquez led the Spanish conquest of Cuba with the help of Hernán Cortés. Cortés later conquered Mexico. By 1511 the Spanish colony in Cuba was well established. By 1517 the Spanish had begun importing slaves from Africa to work on the tobacco and sugarcane plantations. The city of Havana was founded in 1519.

Over the next two centuries Cuba developed slowly. It was often attacked by pirates or by countries that were at war with Spain. In 1762 the English took Havana but gave it back to Spain a year later in exchange for what is now Florida. In view of all these attacks Spain built many fortifications on the island, so that by the late eighteenth century Cuba had grown to be an important part of the Spanish colonial empire. Havana and its excellent port developed as an important center of commerce and shipbuilding. Trade was established with the British colonies in North America, and it continued with the United States after the colonies declared their independence.

Rebellions arose against Spain early in the nineteenth century, when most of Latin America was engaging in a struggle for independence. But the Spanish quickly defeated the insurgents. José Francisco Lemus led one such rebellion in 1821. By 1826, it was over. In the 1840s the United States expressed interest in acquiring the island. However, Spain rejected the offers.

In 1868 Carlos Céspedes, a wealthy landowner, led a revolt. This rebellion, which became known as the Ten Years' War, also ended without gaining independence. Under the Pact of Zanjón of 1878 Spain agreed to introduce political reforms and to gradually put an end to slavery. In 1886, slavery ended in Cuba.

José Martí led another revolutionary movement in 1895. Martí was killed in the same year, but the war continued. In 1898 the United States sent the battleship *Maine* to Havana to protect Americans and American interests on the island. When the ship exploded mysteriously in April, the United States declared war on Spain. The Spanish–American War ensued, lasting several months. By August the Spanish army had surrendered, and on December 10 Spain and the United States signed the Treaty of Paris. As part of this treaty Cuba, Puerto Rico, and the Philippines were ceded to the United States. The United States established a military government in Cuba, but the Cuban people opposed U.S. control. In 1901 a new constitution was established. In 1902 American troops left Cuba and the first elections were held.

The constitution of 1901 included the Platt Amendment, which gave the United States the right to intervene in Cuba and to build naval bases there. In 1903 the United States signed a permanent lease for Guantánamo Bay and built the naval base, which is held by the United States to this day.

In 1906 the United States again sent troops to Cuba because of a rebellion against the government of the first Cuban president. The United States established another military government that lasted until 1909. New revolts in 1912 and in 1917 again led to U.S. military intervention.

Gerardo Machado, elected president in 1924, became a dictator and ruled Cuba until the army overthrew him in 1933. Later that same year Fulgencio Batista, an army sergeant, helped to establish the government of Ramón Grau San Martín. In 1934 Batista removed San Martín and established himself as dictator. During the following two decades the government alternated between his dictatorship, a new constitutional government that was established in 1940, and Batista's return as a dictator in 1952.

Although there was some economic progress in Cuba under Batista, mainly due to American investments, most Cubans did not benefit from it. The Batista regime was corrupt and repressive. Fidel Castro led a revolution, which began with his attack on the Moncada Barracks in Santiago de Cuba on July 26, 1953. The revolt failed, and Castro was imprisoned until 1955. Castro then established a new movement called the 26th of July Revolutionary Movement. In Mexico he organized a new attack on the government of Batista, and he and his forces landed in Cuba on December 2, 1956, on the ship *Granma*. After an initial defeat, Castro and some of his troops moved into the Sierra Maestra. From there he led a guerrilla war against the government.

Opposition against Batista increased, and the dictator was forced to leave the country on January 1, 1959. Soon Castro established a socialist government that introduced many reforms. The government nationalized industry and banking, taking over American plantations and oil refineries. In response to these seizures, in January 1961 the United States broke diplomatic relations with Cuba. Cuba turned to the communist world for aid and established close ties with the Soviet Union. During those years many Cubans fled to the United States. Some of these exiles invaded Cuba at the Bay of Pigs in April 1961, but the Cuban army quickly defeated them.

The next year the Soviet Union began to build missile sites in Cuba. This led to the Cuban Missile Crisis in October 1962. The United States set up a naval blockade; as tensions mounted, the possibility of nuclear war loomed. The crisis ended when the Soviet Union agreed to remove all missiles and the United States agreed not to attack Cuba.

Under Castro's rule, Cuba supported revolutionary movements in Latin America and Africa, including the Sandinista National Liberation Front in Nicaragua and leftist guerrillas in El Salvador, Colombia, and Bolivia. In 1967 the army in Bolivia killed Che Guevara, who was born in Argentina but became a famous revolutionary in Cuba.

During this time the Cuban economy improved with help from the Soviet Bloc. There were also many advances in education and public health. Education at all levels is free, and Cuba has the highest life expectancy and lowest infant mortality rate in Latin America.

Since the fall of communism in the 1990s the Cuban economy has suffered and the standard of living continues to deteriorate. The U.S. trade embargo has also had a significant impact on the economy. Fidel Castro, who was born in 1926, continues to rule Cuba with the help of his brother, Raúl.

Economy

Cuba's economy is controlled and planned by the government. All industries and banks are owned by the state. Most of the farmland is also owned by the state. Therefore, with few exceptions, all workers are employed by the state. Recent reforms allow the formation of farming cooperatives and some degree of self-employment.

One of the most important industries is sugar production. Cuba is one of the largest sugar producers in the world. Other agricultural products include tobacco, bananas, pineapples, coffee, and citrus fruits. Some of the best cigars in the world come from Cuba.

After sugar, tourism is the next largest source of income. Varadero has some of the most beautiful beaches in the world. Mining is also an important industry. Nickel and limestone are the most important products of this industry. Limestone is used to make cement and fertilizers. The fishing industry is also important.

Culture

Cubans have a great sense of humor and are enthusiastic and lively conversationalists. They frequently use their hands to emphasize an idea or an emotion. They can discuss politics and sports for hours. Hospitable and friendly, they enjoy life, music, and dance. Family life and visiting friends are very important. The two favorite sports of the Cuban people are baseball and boxing. Many Cubans also enjoy playing dominoes.

The United Nations Educational, Scientific and Cultural Organization (UNESCO) maintains a registry of cultural sites, events, and traditions from around the world. The registry includes a list of tangible places, called the UN World Heritage List, and a list of intangible events and traditions, called the List of the Intangible Heritage of Humanity. For Cuba the registry includes Old Havana and Its Fortifications, San Pedro de la Roca Castle in Santiago, and La Tumba Francesa, Music of the Oriente Brotherhood.

Feasts and Festivals

The major national holidays of the Communist regime are the Anniversary of the Attack on the Moncada Barracks on July 26, sometimes also called Revolution Day, and Liberation Day on January 1, which celebrates the defeat of the Batista regime. On both of these days there are parades and speeches by government officials. Two other national holidays are Labor Day on May 1 and the Beginning of the War of Independence from Spain on October 10, which celebrates the beginning of the Ten Years' War. The birthday of José Martí on January 28 is also a national holiday.

Although the government discourages religious activity, Cubans still observe some religious holidays. The government suspended the celebration of Christmas in 1969 but reestablished it as a national holiday in 1997 in preparation for the visit of Pope John Paul II in January 1998. Before the revolution

Cubans used to celebrate Christmas with a very fancy dinner on Christmas Eve and then went to church for the *misa de gallo* (**mee**-sah deh **gah**-yoh), or the mass of the rooster. The name for the mass comes from the story that a rooster was the first being to see the birth of Jesus and announced it to the world by crowing, which was the only time that a rooster crowed at night.

Most Cubans are Catholic, but some of the religious holidays are a combination of Catholicism and beliefs of African origin. This combination is known as *Santería* (sahn-teh-**reeah**), which may be translated as "the way of the saints," and it has its origins in the slave trade. The Catholic Church usually baptized slaves when they arrived and tried to suppress their religious practices. In order to preserve them, the slaves started to equate some of their gods with the saints of the Catholic Church. These gods come from the religion of the Yoruba people. In this religion there is a main god, Olodumare, and various other gods. There are many stories about these gods and how they interact with each other. Each god or goddess is associated with certain plants, animals, colors, jewels, and other objects. The practice of *Santería* usually involves animal sacrifice.

Thus, for example, Saint Lazarus' Day on December 17 celebrates this Catholic saint, who is the patron saint of lepers, as well as the African god Babalú Ayé, who is the god of the sick and is known for his miraculous cures. There is a shrine to Saint Lazarus in the town of El Rincón in Cuba, and on December 17 many people participate in a pilgrimage to the shrine. Pope John Paul II went to the shrine during his visit to Cuba.

September 8 is the day of the Virgen de la Caridad del Cobre, or Nuestra Señora de la Caridad (Our Lady of Charity), the patroness of Cuba. According to the legend, early in the seventeenth century two Indians and a black slave who had gone out to look for salt found a small statue of the Virgin floating on the sea. Pope Benedict XV designated her the patron saint of Cuba in 1916. The shrine of the Virgen de la Caridad is located near the town of El Cobre, which is close to Santiago de Cuba, in an area where copper mines are located. People from all over Cuba come to this shrine to pray and ask for miracles, and many leave offerings to the Virgin. In 1973 the Catholic Church consecrated a shrine to the Virgin in Miami, called La Ermita de la Caridad. Cuban immigrants as well as those from other Hispanic countries come to worship the Virgin there. September 8 is also celebrated as the day of the African goddess Oshún, the goddess of love and of the rivers. In the Yoruba tradition she helps those who have problems in their love lives or their marriages or have money problems. Copper is the metal associated with her. She is married to the god Changó, who is admired for his ability to play the drums.

Food

Although Cuban food tends to be spicy, it is not hot like Mexican food. Garlic and lemon are used frequently. *Bijol* (bee-**hohl**) is a spice similar to saffron that adds color and flavor to foods. *Adobo* (ah-**thoh**-boh) is a marinade made from garlic, salt, cumin, oregano, and sour orange juice. It can be used on any kind of meat or seafood. Sour oranges are similar to oranges in shape and size but taste more like limes. Sour orange juice is available in most Hispanic markets. *Mojo* (**moh**-hoh) is a sauce that can be poured on many dishes. It is made from olive oil, garlic, sour orange juice, cumin, salt, and pepper. It can also be found in Hispanic markets.

Most Cuban meals include rice, which can be prepared in many ways. One popular dish, *moros y cristianos* (**moh**-rohs ee krees-**teeah**-nohs), meaning Moors and Christians, is made from black beans and rice. *Congrí* (cohn-**gree**) is another dish made with rice and beans, plus pieces of pork. Another popular dish is *arroz con pollo* (ah-**rrrohs** cohn **poh**-yoh), made from rice and chicken with vegetables and spices. *Picadillo* (pee-cah-**thee**-yoh) is a dish made from ground beef, onions, peppers, garlic, and other spices.

Perhaps the best-known Cuban dish is *lechón* (leh-**chohn**), roast suckling pig, often served at Christmas. *Ajiaco* (ah-**heeah**-coh) is a soup that is very different from the Colombian dish of the same name, and some consider it to be the national dish. It contains several types of meat, various tubers, and *chayote* (chah-**yoh**-teh), which is similar to a squash. Tubers include *yuca* (**yoo**-cah); *malanga* (mah-**lahn**-gah), also known as *yautía* (yaoo-**teeeah**); and *boniato* (boh-**neeah**-toh).

Refrescos (reh-**frehs**-cohs), drinks similar to milkshakes, can be made from many tropical fruits. Desserts, usually very sweet, include *dulce de leche* (**dool**-ceh deh **leh**-cheh), *majarete* (mah-hah-**reh**-teh), *natilla* (nah-**tee**-yah), and *buñuelos de yuca* (boo-**nyooeh**-lohs deh **yoo**-cah).

Music

Cuban music is known the world over. Some of the most famous forms of Latin music originated in Cuba. They include the *bolero* (boh-**leh**-roh), the *rumba* (**room**-bah), the *mambo* (**mahm**-boh), and the *cha-cha-chá* (chah-chah-**chah**). Much of the music is played with traditional instruments such as the *güiro* (**gwee**-roh), a rasping instrument made from a gourd; *maracas* (mah-**rah**-cahs), which are like rattles; the *bongó* (bohn-**goh**) drums; and the *claves* (**clah**-vehs), which are two sticks beaten against each other. Other types of music are the *criolla* (cree-**oh**-yah), the *guajira* (gwah-**hee**-rah), and the *zapateo* (sah-pah-**teh**-oh). Dancing is an integral part of Cuban life, and most Cuban music is meant for dancing.

One of the most famous Cuban composers of the twentieth century is Ernesto Lecuona, known for such songs as "Malagueña" and "Siboney." One of the best-known singers is Celia Cruz, who often performed with the orchestra called the Sonora Matancera. Benny Moré is another important composer and singer of popular music. Gloria Estefan was born in Cuba and emigrated to the United States with her family shortly after Castro came to power.

Arts and Letters

Perhaps the best-known Cuban writer is the revolutionary José Martí. He was a great journalist as well as a poet. One of his books of poetry is *Simple Verses*, written in 1891. Another important writer is the novelist Alejo Carpentier. Other poets include Julián del Casal, Nicolás Guillén, and Dulce María Loynaz, who was also a novelist and winner of the Cervantes Prize from Spain. From 1944 to 1956 the literary review *Orígenes* served as a focal point for Cuban literature and the arts and was recognized throughout Latin America.

Some of the most important Cuban painters were part of the School of Havana in the 1940s. They include René Portocarrero, Amelia Peláez, and Wilfredo Lam.

RECIPES

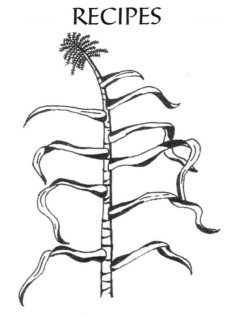

Sugarcane

Sugarcane (*Saccharum officinarum*) belongs to the grass family. Its stalks grow between 7 feet (2 meters) and 15 feet (5 meters) high and are 2 inches (5 centimeters) in diameter. The juice from these stalks is used to make sugar. In many countries people cut the stalks into small pieces and chew them to extract the juice. Although the origins of the plant are not clear, scientists know that it was cultivated in the South Pacific over 8,000 years ago. It was also found in ancient India, from where it spread to China. The Europeans began planting it in northern Africa and on islands in the Atlantic early in the fifteenth century. European explorers later brought it to the Caribbean islands and to South America. Sugarcane is grown from stem cuttings that take about one year to mature.

To make sugar, the stalks are first shredded and then crushed to extract the juice. The juice is heated and purified. After the water is removed, the syrup is put in a centrifuge to separate it from the crystals. The raw sugar is further refined to make white sugar.

Sugar is used in many food products. It is also used in medicines, in making some plastics, and in tanning leather. The molasses that is a byproduct of the refining process can be used to make rum and animal feed. The fiber left over from the stalks can be burned as a source of heat in the refining process and can also be used to make paper.

Dulce de leche

(Sweetened Milk)

Dulce de leche is a very thick and sweet dessert, made with milk and sugar, that tastes like caramel. It can be eaten plain, but it is also used as a topping on ice cream. Many brands of ice cream in the United States now offer it as a flavor, with the dulce de leche incorporated into the ice cream.

4 cups whole milk
2 cups sugar
½ teaspoon vanilla extract

Bring milk to a boil in a saucepan over moderate heat, stirring frequently.* Add sugar and vanilla extract and reduce heat to medium low. Continue to cook, stirring frequently with a spoon, until it becomes very thick and turns the color of caramel, about 45 to 60 minutes, just until you can briefly see the bottom of the pot when you scrape it with a spoon. Stir almost constantly during the last 10–15 minutes so it does not stick and burn. Pour into a serving dish and allow to cool completely. Once it cools it should be soft enough to serve with a spoon (if it cooks too long it will be hard like caramel candy when it cools).

*Notes: Never leave milk unattended on the stove as it can very easily boil over. This recipe can be simplified by starting with a can (14 oz.) of sweetened condensed milk. Use a can opener to make an opening as small as possible in the can, then cover the top of the can with a piece of aluminum foil. Put the can on a rack in a pot over moderate heat with enough boiling water to come up to about ¼ inch from the top. Continue to cook, adding water as needed to keep the level about the same, for about 1½ hours. A little of the milk will spill while it is cooking. Take the can out of the water, allow to cool, open it, and serve.

Natilla

(Pudding)

Natilla is a dessert very similar to vanilla pudding, but usually softer. It can be eaten by itself, but it is also commonly used as a topping on fruit. Like many other dishes, there are different versions of this dessert in Latin America. In Colombia, for example, natilla is solid enough to cut and serve in pieces.

4 cups milk
½ teaspoon cinnamon
5 teaspoons cornstarch
¼ cup water
5 egg yolks
¾ cup sugar
1 teaspoon vanilla extract

Put cinnamon in 1 cup of milk, bring to a boil over moderate heat, stirring frequently, and set aside.*

Dissolve the cornstarch in the water and mix with 3 cups of the milk. Lightly beat the egg yolks with a fork and add to the milk and cornstarch mixture. Add the sugar to the cold milk mixture. Add the hot milk slowly, stirring constantly.

Heat the mixture over moderate heat, stirring almost constantly so it will not scorch, until it thickens, about 20 minutes. Take off the heat, add the vanilla, and mix well. Pour into a serving dish or into individual bowls and refrigerate before serving.

*Notes: Never leave milk unattended on the stove as it can very easily boil over.

Tajadas de malanga —————
(tah-**hah**-thahs deh mah-**lahn**-gah)

(Malanga Chips)

These fried malanga chips are similar to potato chips and are made from a starchy tuber. They can be served as a snack or as part of a meal.

> 1 pound malanga root*
> Salt to taste

Peel the malanga root with a vegetable peeler and cut into slices about ⅛ inch thick. Put the slices in cold water for a few minutes to remove some of the starch. Drain and dry the chips with paper towel.

Heat about ½ inch of vegetable oil in a large skillet over medium high heat. Put as many of the slices in the pan as will fit and fry for 2–3 minutes on each side until golden brown. Remove chips from skillet, drain on paper towel, and salt lightly.

*Notes: Malanga can be found in some supermarkets and in most Hispanic grocery stores in the United States.

Moros y cristianos —————

(Black Beans and Rice)

This dish is made with rice and black beans. Its name is a reference to the dark-skinned Moors who conquered much of Spain in the eighth century and the light-skinned Christians. It is usually served as part of lunch or dinner.

> 3 tablespoons olive oil
> 1 cup chopped onion
> ½ cup chopped bell pepper
> 6–8 cloves of garlic, chopped
> 1 teaspoon salt
> ¼ teaspoon oregano
> 1 bay leaf
> 1 can black beans, with the liquid
> 1 cup white rice
> 2 cups water

Heat oil in a pot over medium heat. Add the onion and bell pepper and cook until tender, stirring occasionally, about 10 minutes. Add the garlic and cook for 2–3 minutes more.

Add the remaining ingredients, except the rice, increase the heat to medium high, and bring to a boil. Add the rice, mix well, cover the pot, and cook over low heat for half an hour.

VOCABULARY (Words Derived from Spanish)

Banana—from banano

Canyon—from cañón, cannon, or canyon

Chocolate—from chocolate

Coyote—from coyote

Guava—from guayaba

Mesa—from mesa, table

LEARNING LAUNCH

Following are some examples of assignments and projects that may be used to help students learn more about Cuba (see Appendix A for additional assignments).

1. Have the students (either individually or in groups) research and report on various aspects of the Spanish–American War, including the events leading up to the war, the U.S. and Spanish troops involved, the major battles of the war, its duration, the peace negotiations leading up to the Treaty of Paris, and the initial U.S. administration of the territories that Spain gave up under the treaty.

2. Divide the students into four or five groups and ask them to research four or five of the major African deities represented in the practice of *Santería*. They can choose from Olodumare, Babalú Ayé, Oshún, Chango, Orunmila, Obatala, and Ogún. Then lead a class discussion on some of the aspects of *Santería*, including the origins of the term, the rituals, and the fusion of *Santería* with Christian holidays, as well as a comparison to the similar practices of Voodoo in Haiti and Macumba in Brazil. Another subject of discussion could be the 1993 decision in *Church of the Lukumi Babalu Aye, Inc. v. City of Hialeah,* in which the U.S. Supreme Court ruled that Hialeah ordinances outlawing animal sacrifice were unconstitutional because they violated the right of religious freedom and were directed at one particular religion.

3. Ask the students, individually or in groups, to research and report on the four major types of Cuban music—the bolero, the mambo, the rumba, and the cha cha chá. The reports should highlight the characteristics of each type of music (rhythm, instruments, etc.), its origins and history, and famous composers and performers of each type. Bring samples of these types of music to play in class, or ask the students to bring them. If appropriate, ask any students who know how to dance to this music to demonstrate these dances for the rest of the class.

MORE LEARNING OPPORTUNITIES

The following topics may be used as subjects for class discussion or as assignments for research projects that can be tailored to particular grade levels.

Geography and Climate

- Archipelago
- The Sierra Maestra
- The Trade Winds
- The Greater Antilles

Government

- Key structures of a communist system of government
- Elections in a single-party state
- The organization of the Cuban Communist Party
- The control of the sources of public information in Cuba
- The Batista dictatorship—its imposition, structure, and defeat

History

- The Siboney Indians
- Hernando de Soto
- The Ten Years' War
- U.S. military interventions in Cuba
- The Platt Amendment
- Teddy Roosevelt and the Rough Riders
- Fidel Castro
- John F. Kennedy and the Cuban Missile Crisis
- The use of Guantánamo by the United States as a prison for terrorists

Economy

- Tobacco
- Sugar refining
- Workings of an economy under state control

Culture

- José Martí
- Santería
- Celia Cruz
- The bolero

READING LIST

See Appendix B for additional information and readings.

Ada, Alma Flor. *Under the Royal Palms.* **1998. Grades 4–7.**
Ten stories about the author's childhood in Cuba in the 1940s.

Bernardo, Anilu. *Fitting In.* **1996. Grades 6–9.**
Five stories about Cuban girls who emigrate to the United States.

Bernardo, Anilu. *Jumping off to Freedom.* **1996. Grades 7–10.**
Fleeing Cuba on a raft.

Osa, Nancy. *Cuba 15.* **2003. Grades 6–10.**
A girl's fifteenth birthday celebration.

Veciana-Suarez, Ana. Flight to Freedom. 2004. Grades 6–9.
A first person account of a teenage girl's life in Cuba and then in Miami.

INTERNET RESOURCES

See Appendix C for a list of additional general resources.

www.cubagob.cu	Official site of the Cuban government
www.granma.cu	Web site of the Cuban Communist Party
www.cubanet.org	Web site of Cuban news from around the world, including Cuba
www.lanuevacuba.com	General information about Cuba
www.cuba.cu	General information about Cuba
www.cia.gov/cia/publications/factbook/geos/cu.html	The CIA's World Factbook—Cuba
www.lanic.utexas.edu/la/ca/Cuba	Cuban page of the Web site of the Latin American Network Information Center at the University of Texas
www.loc.gov/rr/international/portals.html	The Library of Congress country information
www.countryreports.org	General information about Cuba
www.gksoft.com/govt/en/world.html	Contains links to many official sites about Cuba

Capítulo 2B

INFORMACIÓN GENERAL

Cuba forma parte de la cadena de islas llamada las Indias Occidentales, o las Antillas. Cuba es un archipiélago conformado por la isla más grande de las Antillas, una isla más pequeña llamada Isla de la Juventud, y más de mil islas pequeñas y cayos. Las islas de Hawaii en Estados Unidos son otro ejemplo de un archipiélago. Con una superficie de 42.803 millas cuadradas (110.860 kilómetros cuadrados), Cuba es más o menos del tamaño de Pennsylvania. Los cubanos la llaman la Perla de las Antillas.

Los símbolos nacionales son la bandera y el escudo. La bandera, que fue adoptada oficialmente en 1902 pero que data de 1850, tiene cinco franjas de azul y blanco y un triángulo rojo con una estrella blanca en la mitad. Símbolos nacionales que vienen de la naturaleza son la palma real, la mariposa blanca, que es una especie de jazmín, y el tocororo, un pájaro parecido al quetzal que tiene los mismos colores de la bandera.

La moneda oficial es el peso.

Según el censo del 2000 hay aproximadamente 1.241.000 personas de descendencia cubana en Estados Unidos.

Geografía y Clima

La geografía de Cuba es variada. Hay tres grandes cordilleras. La Sierra Maestra queda en el sudeste de la isla y corre del este al oeste. El sitio más alto en Cuba, Pico Turquino, con una elevación de 6.542 pies (1.994 metros) queda en la Sierra Maestra. La Sierra de Trinidad queda en el centro de la isla y cubre un área casi de costa a costa. La Sierra de los Órganos, así llamada porque se parece a los tubos de un órgano, y la más pequeña Sierra del Rosario cubren la mayoría del noroeste de la isla. Más o menos una cuarta parte de la isla es montañosa. De las montañas nacen muchos ríos pequeños.

41

Selvas tropicales y de pinos que crecen en las montañas cubren gran parte del sudeste de la isla. Entre las serranías hay muchas áreas fértiles y pastizales que cubren la mitad de la isla. A lo largo de la costa hay muchos puertos muy bien protegidos, entre ellos La Habana, Santiago de Cuba y Guantánamo.

Cuba queda apenas al sur del Trópico de Cáncer, y tiene un clima bastante templado debido a la influencia de los Vientos Alisios, sin grandes cambios de temperatura entre el verano y el invierno. Las temperaturas van de unos 80°F (27°C) en el verano a unos 70°F (21°C) en el invierno. A veces hay heladas en las montañas. Hay una temporada de lluvia de mayo a octubre y una temporada seca de noviembre a abril. El promedio anual de precipitación es de 54 pulgadas (137 centímetros). Así como en la mayoría de las islas de las Antillas, en Cuba también impactan los huracanes durante la última parte de la temporada de lluvia.

Población

Cuba tiene una población de aproximadamente 11,2 millones de habitantes. Más o menos dos terceras partes de la población son de descendencia española. Un 20 por ciento es mulata, de descendencia mixta negra y blanca, y el resto es de descendencia negra.

Tres cuartas partes de la población viven en áreas urbanas. La Habana, la capital, tiene aproximadamente 2,2 millones de habitantes. Santiago de Cuba, la segunda ciudad más grande, tiene como un millón de habitantes. Otras grandes ciudades son Holguín, Villa Clara, Camagüey y Pinar del Río. La población rural es bastante pobre. La mayor parte de los habitantes de las zonas rurales son empleados de las haciendas estatales.

Gobierno

El gobierno de Cuba se califica de república socialista, gobernada por la constitución de 1976. Su nombre oficial es República de Cuba. Pero un dictador, Fidel Castro, y el Partido Comunista de Cuba gobiernan a Cuba. Castro es el presidente del Consejo de Estado, el cual tiene 31 miembros, incluso el presidente. Los miembros del Consejo de Estado se eligen de entre los miembros de la Asamblea Nacional.

La Asamblea Nacional, cuyo nombre oficial es Asamblea Nacional del Poder Popular, tiene 601 miembros quienes son elegidos por períodos de cinco años. El Partido Comunista controla las elecciones y aprueba los candidatos a las elecciones. La Asamblea Nacional se reúne en dos sesiones al año. Durante el resto del año el Consejo de Estado actúa de legislatura, promulgando leyes y decretos. El presidente del Consejo de Estado nombra un Consejo de Ministros. Estos ministros se encargan del trabajo a diario del gobierno.

El poder judicial del gobierno consiste del Tribunal Supremo Popular y otros tribunales, entre ellos aquellos que se encargan de asegurar que no haya disidencia política. El Consejo de Estado controla todos los tribunales.

Cuba está dividida en 14 provincias y el municipio especial de la Isla de la Juventud. Las provincias consisten de municipios. Cada provincia y municipio tiene una asamblea.

Historia

Antes de la llegada de Cristóbal Colón a Cuba en 1492 los taínos habitaban la mayor parte de la isla. Ellos también estaban en muchas otras de las islas de las Indias Occidentales. Los siboneyes eran otra tribu más pequeña que también habitaban algunas partes de Cuba. Los taínos eran parte de la cultura indígena de los arahuacos, o arawakos, la cual tiene su origen en el norte de Suramérica. La mayor parte de la población indígena fue rápidamente destruida por la conquista española y por enfermedades.

Diego Velásquez, con la ayuda de Hernán Cortés, estuvo al mando de la conquista española de Cuba. Cortés iría más tarde a conquistar México. Para 1511 la colonia española en Cuba ya estaba bien establecida. En 1519 fundaron La Habana. Los españoles empezaron a traer esclavos del África desde 1517 para trabajar en las haciendas de tabaco y caña de azúcar.

El desarrollo de Cuba durante los dos siglos siguientes fue lento. Cuba era atacada con frecuencia por piratas o por países que estaban en guerra con España. En 1762 los ingleses ocuparon La Habana, pero un año después se la devolvieron a España a cambio de lo que ahora es el estado de Florida. Por motivo de todos estos ataques España tuvo que construir muchas fortificaciones, así que para fines del siglo dieciocho Cuba se había convertido en una parte importante del imperio español. La Habana y su excelente puerto se convirtieron en un centro importante de comercio y de construcción naval. Cuba estableció el comercio con las colonias británicas de Norteamérica, el cual continuó con Estados Unidos cuando las colonias declararon su independencia.

A principios del siglo diecinueve, cuando la mayoría de América Latina estaba luchando por su independencia, hubo algunas rebeliones contra España. Pero los españoles las derrotaron rápidamente. Una de estas rebeliones fue liderada por José Francisco Lemus en 1821, pero para 1826 ya había terminado. En los años 1840 Estados Unidos manifestó su interés en adquirir la isla. Pero España rechazó varias ofertas de compra por parte de Estados Unidos.

En 1868 Carlos Céspedes, un propietario rico, dirigió una nueva rebelión. Esta llegó a llamarse la Guerra de los Diez Años y también terminó sin lograr la independencia. De acuerdo con el Pacto de Zanjón de 1878, España acordó introducir algunas reformas políticas y acabar paulatinamente con la esclavitud. En 1886 se terminó la esclavitud en Cuba.

José Martí lideró otro movimiento revolucionario en 1895. Él perdió la vida ese mismo año, pero la guerra siguió. En 1898 Estados Unidos envió el acorazado *Maine* a La Habana para proteger a sus ciudadanos y sus intereses en la isla. En abril el barco explotó misteriosamente y Estados Unidos declaró la guerra contra España. La Guerra Hispano-Americana sólo duró varios meses. Para agosto el ejército español se había rendido, y el 10 de diciembre Estados Unidos y España firmaron el Tratado de París. Este tratado le concedió a Estados Unidos las colonias españolas de Cuba, Puerto Rico y Filipinas. Estados Unidos estableció un gobierno militar en Cuba, pero el pueblo cubano estaba opuesto al control estadounidense. En 1901 se estableció una nueva constitución y en 1902 se convocaron las primeras elecciones y las tropas norteamericanas salieron de Cuba.

La constitución de 1901 contenía la Enmienda Platt, la cual le daba a Estados Unidos el derecho de intervenir en Cuba y de construir bases navales. En 1903 Estados Unidos firmó un contrato de arriendo permanente de la Bahía de Guantánamo y empezó la construcción de la base naval, la cual todavía ocupa hasta el día de hoy.

En 1906 Estados Unidos volvió a enviar sus tropas a Cuba debido a una rebelión contra el gobierno del primer presidente cubano. Estados Unidos estableció otro gobierno militar que duró hasta 1909. Pero otras revueltas en 1912 y 1917 causaron nuevas intervenciones militares por parte de Estados Unidos.

Gerardo Machado, quien fue elegido presidente en 1924, se hizo dictador y gobernó Cuba hasta que el ejército lo derrocó en 1933. Más adelante ese mismo año Fulgencio Batista, un sargento en el ejército cubano, ayudó a establecer el gobierno de Ramón Grau San Martín. En 1934 Batista destituyó a San Martín y se estableció como dictador. Durante las dos décadas siguientes el gobierno alternó entre su dictadura, un nuevo gobierno constitucional establecido en 1940, y el retorno a la dictadura de Batista en 1952.

Aunque Cuba logró cierto progreso bajo Batista, debido en gran parte a las inversiones estadounidenses, la mayoría de los cubanos no se beneficiaron de él. Además, el régimen de Batista fue corrupto y represivo. Fidel Castro encabezó una nueva revolución, la cual empezó con su ataque contra el Cuartel Moncada en Santiago de Cuba el 26 de julio de 1953. La revuelta falló y Castro estuvo en la cárcel hasta 1955. Cuando salió Castro estableció un nuevo movimiento llamado el Movimiento Revolucionario 26 de Julio. Desde México organizó un nuevo ataque contra el gobierno de Batista y desembarcó en Cuba del barco *Granma* con sus fuerzas el 2 de diciembre de 1956. Después de una derrota inicial, Castro y algunas de sus tropas ingresaron en la Sierra Maestra. De ahí dirigió una guerra de guerrilla contra el gobierno.

La oposición contra Batista aumentó y éste tuvo que salir del país el primero de enero de 1959. Después de poco tiempo Castro estableció un gobierno socialista que introdujo muchas reformas. El gobierno nacionalizó la industria y la banca, y se apoderó de haciendas y refinerías norteamericanas. Por lo tanto, en enero de 1961 Estados Unidos rompió relaciones diplomáticas con Cuba. Cuba acudió al mundo comunista y estableció lazos estrechos con la Unión Soviética. Durante esos años muchos cubanos huyeron hacia Estados Unidos. Algunos de estos exilados invadieron Cuba en la Bahía de Cochinos en abril de 1961 pero el ejército cubano los derrotó rápidamente.

En 1962 la Unión Soviética empezó a construir bases para misiles en Cuba. De ahí surgió la llamada crisis de los misiles en Cuba en octubre de ese año. Estados Unidos impuso un bloqueo naval y llegó a existir la posibilidad de una guerra nuclear. La crisis terminó cuando la Unión Soviética acordó quitar los misiles y Estados Unidos acordó no atacar a Cuba.

Cuba dio su apoyo a movimientos revolucionarios en Latinoamérica y África por muchos años. En Latinoamérica su apoyo incluyó al Frente Sandinista de Liberación Nacional en Nicaragua y a guerrillas de izquierda en El Salvador, Colombia y Bolivia. El Che Guevara, nacido en Argentina y famoso revolucionario en Cuba, perdió la vida a manos del ejército de Bolivia en 1967.

Durante este tiempo la economía cubana avanzó con la ayuda y el subsidio del Bloque Soviético. También hubo avances en educación y salud pública. La educación a todos los niveles es gratis, y Cuba tiene la más alta esperanza de vida y la más baja tasa de mortalidad infantil de la América Latina.

Desde la caída del comunismo en los años noventa la economía ha sufrido y el nivel de vida sigue en deterioro. El embargo de Estados Unidos al comercio con Cuba ha tenido un gran impacto sobre la economía. Fidel Castro, quien nació en 1926, sigue gobernando Cuba con la ayuda de su hermano Raúl.

Economía

El gobierno controla y planifica la economía cubana. El gobierno es dueño de todas las industrias y los bancos. La mayoría de las tierras también son propiedad del estado. Por ende, con pocas excepciones, todos los trabajadores son empleados del estado. Algunas reformas recientes permiten la creación de cooperativas agrícolas y un grado de auto-empleo.

Una de las industrias más importantes es la producción del azúcar. Cuba es uno de los mayores productores de azúcar en el mundo. Entre otros productos agrícolas están el tabaco, el banano, la piña, el café y los cítricos. Entre los mejores cigarros del mundo están los cubanos.

Después del azúcar, el turismo es la próxima fuente de ingresos más grande. En Varadero se encuentran unas de las playas más bellas del mundo. La minería es otra industria importante. El níquel y la caliza son los productos más importantes de esta industria. La caliza se usa para fabricar cemento y fertilizantes. La industria pesquera también es importante.

Cultura

Los cubanos tienen un gran sentido de humor y son conversadores entusiastas y animados. Usan las manos con frecuencia para enfatizar una idea o una emoción. Pueden pasar horas discutiendo sobre política y deportes. Los cubanos también son acogedores y amistosos, y gozan de la vida, la música y el baile. La vida familiar y las visitas con sus amistades son muy importantes. Los deportes favoritos de los cubanos son el béisbol y el boxeo. Otro pasatiempo favorito es el juego de dominó.

La Organización de las Naciones Unidas para la Educación, la Ciencia y la Cultura (UNESCO por su sigla en inglés) mantiene un registro de sitios, eventos y tradiciones culturales de todo el mundo. El registro incluye una lista de sitios tangibles, llamada Lista del Patrimonio Mundial, y una lista de eventos y tradiciones intangibles, llamada Lista del Patrimonio Oral e Inmaterial de la Humanidad. Para Cuba el registro incluye La Vieja Habana y sus Fortificaciones, el Castillo de San Pedro de la Roca en Santiago y La Tumba Francesa, Música de la Hermandad de Oriente.

Fiestas y Festivales

Las más importantes fiestas nacionales del régimen comunista son el Día de la Rebeldía Nacional, el 26 de julio, que celebra el ataque al Cuartel Moncada, y el Día de la Liberación, el primero de enero, que celebra la derrota del régimen de Batista. En ambas fechas hay desfiles militares y discursos por parte de funcionarios del gobierno. Otras dos fiestas nacionales son el Día del Trabajo, el primero de mayo y el

Aniversario del Inicio de las Guerras de Independencia, el 10 de octubre, que celebra el comienzo de la Guerra de los Diez Años. El natalicio de José Martí se celebra el 28 de enero.

El gobierno desalienta toda actividad religiosa, pero aun así, los cubanos observan algunas fiestas religiosas. El gobierno suspendió la celebración de Navidad como fiesta nacional en 1969, pero la restableció en 1997 durante los preparativos para la visita del Papa Juan Pablo II que se dio en enero de 1998. Antes de la revolución los cubanos celebraban la Navidad con una cena especial para Nochebuena, seguida por la misa de gallo. El nombre de esta misa se debe a que el gallo fue el primero en presenciar el nacimiento de Jesús y lo anunció al mundo, siendo esa la única vez que un gallo cantó a medianoche.

La mayoría de los cubanos son católicos, pero algunas de las fiestas religiosas son una combinación de catolicismo y de creencias de origen africano, conocida como Santería. La Santería tiene sus orígenes en el tráfico de esclavos. La Iglesia Católica solía bautizar a los esclavos cuando llegaban, y trataba de suprimir sus prácticas religiosas nativas. Para tratar de preservar dichas tradiciones los esclavos empezaron a comparar a algunos de sus dioses con los santos de la Iglesia Católica. Estos dioses vienen de la religión de los yorubas. En esta religión hay un dios principal, Olodumare, y varios otros dioses. Existen muchas leyendas sobre ellos y las relaciones entre ellos. Cada dios o diosa tiene sus plantas, animales, colores, joyas y otros objetos favoritos. La práctica de la Santería por lo general incluye sacrificios rituales de animales.

Así, por ejemplo, el Día de San Lázaro el 17 de diciembre se celebra tanto a este santo católico, quien es el santo patrono de los leprosos, como al dios africano Babalú Ayé, quien es el dios de los enfermos y es conocido por sus curaciones milagrosas. En el pueblo de El Rincón hay un santuario en honor a San Lázaro, y el 17 de diciembre mucha gente participa en peregrinaciones al santuario. El Papa Juan Pablo II estuvo en el santuario durante su visita a Cuba.

El 8 de septiembre es el Día de la Virgen de la Caridad del Cobre, o Nuestra Señora de la Caridad, la patrona de Cuba. Según la leyenda, a principios del siglo diecisiete dos indios y un esclavo negro que habían salido a buscar sal encontraron una pequeña estatua de la Virgen flotando en el mar. El Papa Benedicto XV la nombró patrona de Cuba en 1916. El santuario de la Virgen se encuentra cerca del pueblo de El Cobre, que queda cerca de Santiago de Cuba, en una región de minas de cobre. La gente viene de todas partes de Cuba a este santuario para rezarle a la Virgen, pedirle milagros y dejarle ofrendas. En 1973 la Iglesia Católica le consagró una capilla a la Virgen en Miami, llamada la Ermita de la Caridad. Los inmigrantes cubanos tanto como los de otros países hispanos vienen a venerar a la Virgen en esta capilla. En la misma fecha también se celebra el día de la diosa africana Oshún, la diosa del amor y de los ríos. En la tradición yoruba ella ayuda a los que tienen problemas en sus amores o en sus matrimonios o problemas de dinero. Su metal favorito es el cobre, y ella está casada con el dios Changó, quien es admirado por su aptitud para tocar los tambores.

Comida

Aunque la comida cubana tiende a ser bien sazonada, no es picante como la mexicana. El ajo y el limón se usan con frecuencia. El bijol es una especia parecida al azafrán que le da color y sabor a la comida. El adobo se hace con ajo, sal, comino, orégano y jugo de naranja agria. Se usa con cualquier tipo de carne, pescado o marisco. La naranja agria es parecida a una naranja en su forma y tamaño pero sabe más a una lima. El jugo de naranja agria se puede encontrar en muchos de los mercados hispanos en Estados Unidos. El mojo es una salsa que se puede usar en muchos platos. Se hace con aceite de oliva, ajo, jugo de naranja agria, comino, sal y pimienta. También se encuentra en muchos de los mercados hispanos.

El arroz se sirve con la mayoría de las comidas y se prepara de muchas formas. Un plato popular, moros y cristianos, se hace con frijoles negros y arroz. El congrí también es un plato hecho con arroz y frijoles y con trozos de carne de cerdo. Otro plato popular es arroz con pollo, hecho de arroz, pollo, vegetales y especias. Picadillo es un plato hecho de carne molida, cebolla, pimentón, ajo y otras especias.

Quizás el plato cubano más conocido es el lechón, un cerdo asado que se prepara con frecuencia para Navidad. Ajiaco es una sopa muy distinta al plato colombiano del mismo nombre, y muchos la consideran como el plato nacional. Contiene varios tipos de carne, tubérculos y chayote, un tipo de calabaza. Los tubérculos pueden incluir yuca, malanga, que también se conoce como yautía, y boniato.

Los refrescos son bebidas parecidas a un *milkshake,* que se pueden hacer con muchas frutas tropicales. Los postres, que suelen ser bien dulces, incluyen el dulce de leche, la natilla y los buñuelos de yuca.

Música

La música cubana se conoce por todo el mundo. Algunas de las más famosas formas de música latina son de origen cubano. Entre ellas están los boleros, la rumba, el mambo y el cha-cha-chá. Mucha de esta música se toca con instrumentos tradicionales como el güiro, un instrumento para raspar hecho de una calabaza, maracas, tambores bongó y claves, que son dos palos que se golpean el uno contra el otro. Otros tipos de música son la criolla, la guajira y el zapateo. El baile es una parte esencial de la vida cubana, y la mayoría de la música cubana es bailable.

Uno de los más famosos compositores cubanos del siglo veinte es Ernesto Lecuona, conocido por canciones como Malagueña y Siboney. Una de las cantantes más conocidas es Celia Cruz, quien apareció muchas veces con la orquesta La Sonora Matancera. Benny Moré es otro importante compositor y cantante de música popular. Gloria Estefan nació en Cuba y emigró a Estados Unidos poco después de que Castro llegara al poder.

Artes y Letras

El revolucionario José Martí es quizás uno de los más famosos escritores cubanos. Fue un gran periodista y poeta. Uno de sus libros de poesía se llama *Versos sencillos*, escrito en 1891. Otro escritor importante es el novelista Alejo Carpentier. Entre otros poetas están Julián del Casal, Nicolás Guillén y Dulce María Loynaz, quien también fue novelista y ganadora del Premio Cervantes de España. De 1944 hasta 1956 la revista literaria Orígenes sirvió de enfoque para la literatura y las artes cubanas y tuvo reconocimiento en toda Latinoamérica.

Los más importantes pintores cubanos son los que formaron parte de la Escuela de la Habana en los años 1940. Entre ellos están René Portocarrero, Amelia Peláez y Wilfredo Lam.

RECETAS

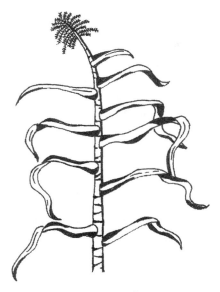

Caña de azúcar

La caña de azúcar (*Saccharum officinarum*) pertenece a la familia de las gramíneas. Sus cañas crecen a una altura de 7 pies (2 metros) hasta 15 pies (5 metros) y tienen un diámetro de dos pulgadas (5 centímetros). El jugo de estas cañas se usa para elaborar el azúcar. Mucha gente pela la caña y la corta en pedacitos que se pueden masticar para extraer el jugo. Aunque no está claro cuáles son sus orígenes, los científicos saben que se cultivaba en las islas del Océano Pacífico Sur hace más de 8.000 años. También se encontraba en la India antigua, de donde se esparció a la China. Los europeos empezaron a cultivarla en el norte del África y en las islas del Océano Atlántico a principios del siglo quince. Los exploradores europeos la trajeron más tarde a las islas del Mar Caribe y a Suramérica. La caña de azúcar se siembra de cortes de la caña, los cuales duran como un año para madurar.

Para elaborar el azúcar, primero se cortan las cañas en pedacitos y después se trituran para extraer el jugo. El jugo se calienta y se purifica. Después de concentrar el jugo se usa una centrifugadora para separarlo de los cristales de azúcar. Este azúcar crudo se refina más para hacer el azúcar refinado.

El azúcar se usa para elaborar muchos productos alimenticios. También se usa en la elaboración de algunas medicinas y plásticos y en el proceso para curtir el cuero. La melaza, un residuo de la refinación, se puede usar en la elaboración del ron y de alimentos para los animales. La fibra que queda de las cañas se puede quemar para la calefacción que se necesita durante el proceso de refinación, y también se puede usar para fabricar papel.

Dulce de leche

El dulce de leche es un postre muy espeso y dulce hecho con leche y azúcar, que tiene un sabor a caramelo. Se puede comer así solo, pero también se puede poner sobre helado. Muchas marcas de helados en Estados Unidos venden helados con sabor a dulce de leche, en los cuales el dulce de leche está incorporado en el helado.

4 tazas de leche entera
2 tazas de azúcar
½ cucharadita de extracto de vainilla

Ponga la leche a hervir en una olla sobre fuego entre moderado y alto, revolviendo frecuentemente.* Agregue el azúcar y la vainilla y baje el fuego. Siga cocinando a fuego entre lento y moderado, revolviendo con frecuencia, hasta que la mezcla se espese y se ponga de color caramelo, entre 45 minutos y una hora, apenas hasta que se alcance a ver el fondo de la olla brevemente al pasar la cuchara. Mueva casi constantemente durante los últimos 10–15 minutos para que no se pegue y se queme. Vierta en un tazón para servir y deje que se enfríe completamente antes de servir. Cuando se enfríe debe poder servirse con una cuchara (si se cuece más de la cuenta cuando se enfríe se pone duro como caramelos).

Notas: Nunca deje leche sobre el fuego sin atenderla ya que se puede derramar muy fácilmente. Para simplificar esta receta puede empezar con una lata (14 onzas) de leche condensada y endulzada. Con un abrelatas haga un agujero lo más pequeño posible en la lata y cubra la parte de arriba de la lata con un pedazo de papel de aluminio. Ponga la lata sobre una rejilla en una olla con suficiente agua hirviendo para que ¼ de pulgada de la lata quede fuera del agua. Siga cociendo sobre fuego moderado, agregando agua de vez en cuando para mantener el mismo nivel, por una hora y media. Un poco de la leche se va a derramar mientras se cuece. Saque la lata y deje que se enfríe, ábrala y sirva.

Natilla

La natilla es un postre muy parecido a un pudín de vainilla norteamericano, pero un poco más blando. Igual que el dulce de leche, se puede servir sólo pero con frecuencia también se sirve con frutas. Así como con tantos otros platos, hay muchas versiones distintas de éste en Latinoamérica. En Colombia, por ejemplo, la natilla es más sólida y se puede cortar en pedazos para servirla.

4 tazas de leche entera
½ cucharadita de canela
5 cucharaditas de fécula de maíz
¼ taza de agua
5 yemas de huevo
¾ taza de azúcar
1 cucharadita de extracto de vainilla

Ponga la canela en una taza de leche, ponga la leche a hervir sobre fuego moderado, revolviendo frecuentemente, y quítela del fogón.*

Disuelva la fécula de maíz en el agua y agregue esta mezcla a las otras 3 tazas de leche. Bata las yemas ligeramente con un tenedor y agréguelas a la mezcla de leche con fécula de maíz. Agregue el azúcar a esta mezcla. Agregue lentamente la leche caliente, revolviendo constantemente.

Caliente esta mezcla sobre fuego moderado revolviendo casi constantemente para que no se queme hasta que se espese, unos 20 minutos. Quítela del fogón, agregue la vainilla y mezcle bien. Vierta en un tazón para servir o en tazas individuales y refrigere antes de servir.

Notas: Nunca deje leche sobre el fuego sin atenderla ya que se puede derramar muy fácilmente.

Tajadas de malanga

Estas tajadas son muy parecidas a los *chips* de papas. La malanga es un tubérculo harinoso. Las tajadas se pueden servir como pasabocas o como parte de una comida.

1 libra de malanga*
Aceite vegetal
Sal al gusto

Pele la malanga con un pelador y córtela en tajadas delgaditas, como 1/8 de pulgada. Ponga las tajadas en agua fría por unos minutos para quitarles un poco de harina. Escurra las tajadas y séquelas con toallas de papel.

Ponga suficiente aceite en una sartén grande hasta que el nivel llegue como a media pulgada y caliéntelo sobre fuego entre moderado y alto. Ponga cuantas tajadas quepan y fríalas por 2–3 minutos de cada lado hasta que queden doradas. Ponga las tajadas sobre toallas de papel y agrégueles sal al gusto.

Notas: La malanga se puede conseguir en algunos supermercados y en cualquier mercado hispano en Estados Unidos.

Moros y cristianos

Este plato se prepara con arroz blanco y frijoles negros. Su nombre se refiere a los moros de piel morena que conquistaron parte de España en el siglo 8, y a los cristianos de piel blanca. Suele servirse como parte de un almuerzo o una cena.

3 cucharadas de aceite de oliva
1 taza de cebolla picada
½ taza de pimiento picado
6–8 dientes de ajo picados
1 cucharadita de sal
¼ cucharadita de orégano
1 hoja de laurel
1 lata de frijoles negros, con su líquido
1 taza de arroz blanco
2 tazas de agua

Caliente el aceite en una olla sobre fuego moderado. Agregue la cebolla y el pimentón y cocine, revolviendo de vez en cuando, unos 10 minutos. Agregue el ajo y cocine por 2–3 minutos adicionales.

Agregue el resto de los ingredientes, menos el arroz, suba la temperatura a fuego entre moderado y alto, y ponga a hervir. Agregue el arroz, mezcle bien, tape la olla, baje el fuego y cocine por media hora a fuego lento.

VOCABULARIO (Palabras derivadas del inglés)

Generalmente aceptadas
Champú—shampoo
Fútbol—football
Estatus—status

De uso popular o Spanglish
Compac—compact disk
Guinche—winch, crane
Inin—inning

PARA EMPEZAR A APRENDER

Estos son algunos ejemplos de tareas y proyectos que se pueden usar para que los alumnos aprendan más sobre Cuba (vea el Apéndice A para otras tareas y proyectos):

1. Pídales a los alumnos (individualmente o en grupos) que investiguen y preparen informes sobre varios aspectos de la Guerra Hispano-Americana, incluso los eventos que condujeron a la guerra, las tropas norteamericanas y españolas involucradas en ella, las más grandes batallas de la guerra, su duración, las negociaciones de paz que llevaron al Tratado de París, y la administración inicial norteamericana de los territorios que España entregó bajo este tratado.

2. Divida a los alumnos en cuatro o cinco grupos y pídales que investiguen cuatro o cinco de las deidades africanas presentes en la práctica de Santería. Pueden elegir entre Olodumare, Babalú Ayé, Oshún, Changó, Orunmila, Obatala y Ogún. Después guíe una discusión en clase sobre varios aspectos de Santería, incluso los orígenes del término, sus rituales, la fusión de Santería con las fiestas cristianas, y una comparación con prácticas parecidas como el vudú en Haití y la macumba en Brasil. Otro tema de discusión puede ser el fallo de la Corte Suprema de Estados Unidos en el caso de la Iglesia del Lukumi Babalú Ayé vs. la Ciudad de Hialeah, en el cual la corte decidió que la prohibición por parte de la ciudad contra el sacrificio de animales no era constitucional porque violaba la libertad de religión y estaba dirigida contra una sola religión.

3. Pídales a los alumnos, individualmente o en grupos, que investiguen y presenten informes sobre los cuatro principales tipos de música cubana—el bolero, el mambo, la rumba y el cha cha chá. Los informes deberían destacar las características de cada tipo de música (ritmo, instrumentos, etc.), sus orígenes e historia, y famosos compositores e intérpretes de cada tipo. Traiga ejemplos de esta música para escuchar en clase, o pídales a los alumnos que los traigan. Si es apropiado, pídales a los alumnos que saben cómo se baila esta música que se lo demuestren a los demás.

MÁS OPORTUNIDADES PARA APRENDER

Los siguientes tópicos se pueden usar como temas para discusiones en clase o como tareas para proyectos de investigación que se pueden adaptar para varios cursos.

Geografía y Clima

- Archipiélago
- La Sierra Maestra
- Los Vientos Alisios
- Las Antillas Mayores

Gobierno

- Estructuras claves de un sistema de gobierno comunista
- Las elecciones en un estado unipartidista
- La organización del Partido Comunista de Cuba
- El control de las fuentes de información pública en Cuba
- La dictadura de Batista—su implantación, estructura y derrota

Historia

- Los indios siboneyes
- Hernando de Soto
- La Guerra de los Diez Años
- Intervenciones militares de Estados Unidos en Cuba
- La Enmienda Platt
- Teddy Roosevelt y los Rough Riders
- Fidel Castro
- John F. Kennedy y la crisis de los misiles en Cuba
- El uso de Guantánamo por Estados Unidos como prisión para terroristas

Economía

- El tabaco
- La refinación del azúcar
- El funcionamiento de una economía bajo control del estado

Cultura

- José Martí
- Santería
- Celia Cruz
- El bolero

LECTURAS

Para más información y otras lecturas vea el Apéndice B.

Ada, Alma Flor. *Bajo las palmas reales.* **2003. Cursos 4–7.**
Diez cuentos sobre la niñez de la escritora en Cuba en los años 1940.

Bernardo, Anilu. *Fitting In.* **1996. Cursos 6–9.**
Cinco cuentos de niñas cubanas inmigrantes en Estados Unidos.

Bernardo, Anilu. *Jumping off to Freedom.* **1996. Cursos 7–10.**
Escape de Cuba en una balsa.

Osa, Nancy. *Cuba 15.* **2003. Cursos 6–10.**
Una niña celebra sus quince años.

Veciana-Suarez, Ana. *Vuelo a la libertad.* **No se ha publicado. Cursos 6–9.**
Relato de la vida de una adolescente primero en Cuba y después en Miami.

RECURSOS EN LA INTERNET

Vea el Apéndice C para otros recursos generales.

www.cubagob.cu	Página oficial del gobierno de Cuba
www.granma.cu	Página del Partido Comunista de Cuba
www.cubanet.org	Página de noticias cubanas de alrededor del mundo, inclusive de Cuba
www.lanuevacuba.com	Información general sobre Cuba
www.cuba.cu	Información general sobre Cuba
www.cia.gov/cia/publications/factbook/geos/cu.html	World Factbook, el libro mundial de datos de la CIA—Cuba
www.lanic.utexas.edu/la/ca/Cuba	Página sobre Cuba del Latin American Network Information Center de la University of Texas
www.loc.gov/rr/international/portals.html	Página de la Library of Congress con información sobre países
www.countryreports.org	Información general sobre Cuba
www.gksoft.com/govt/en/world.html	Contiene enlaces a sitios oficiales de Cuba en la Internet

Chapter 3A

Puerto Rico

GENERAL INFORMATION

Puerto Rico is part of the chain of islands known as the West Indies, or the Antilles. The islands of the Antilles are actually the peaks of an undersea mountain range. They are located about 1,000 miles (1,600 kilometers) southeast of Florida. In addition to the main island, also called Puerto Rico, several smaller islands make up the Commonwealth of Puerto Rico. The most important ones are Vieques, Mona, and Culebra. The main island is separated from the Dominican Republic to the west by the Mona Passage. It is the smallest and easternmost island of the Greater Antilles. Including the smaller islands, Puerto Rico has a total area of 3,515 square miles (9,103 square kilometers), approximately the same size as the state of Rhode Island. Puerto Rico has a special status as a commonwealth of the United States, and the citizens of Puerto Rico are also U.S. citizens. Puerto Ricans call the main island La Isla del Encanto (the Island of Enchantment). The world's largest radio telescope, the Arecibo Observatory, is located outside the city of Arecibo.

Puerto Rico's symbols are the flag, which was adopted in 1952, and the seal of the commonwealth. The flag has 5 alternating red and white stripes and a blue triangle with a white star in the middle. Symbols from nature include the stripe-headed tanager, the hibiscus, and the silk-cotton tree. Some consider the *coquí* (coh-**kee**), a tiny tree frog, as the unofficial symbol of Puerto Rico.

Since Puerto Rico is part of the United States its official currency is the U.S. dollar.

According to 2003 estimates the population of Puerto Rico is approximately 3.8 million. In the continental United States there are approximately 2.7 million people of Puerto Rican descent.

Geography and Climate

The island of Puerto Rico, basically shaped like a rectangle, may be divided into four geographic regions:

- The coastal lowlands along the northern and southern coasts

- The coastal valleys along the western and eastern part of the island

- The mountain range called the Cordillera Central

- The foothills on either side of the Cordillera Central

The northern lowlands are fairly humid, while the southern lowlands are much drier. The coastal valleys are fertile areas. The Cordillera Central runs from east to west just a little south of the center of the island. The highest point on the island, the Cerro de Punta, with an elevation of 4,389 feet (1,338 meters), is located in the western part of this mountain range. Mountains and hills cover about three-quarters of the island.

The two largest rivers on the island of Puerto Rico, the Río Arecibo and the Río Manatí, flow north from the central mountains into the Atlantic Ocean. The Rio Añasco flows west into the Mona Passage.

The island of Puerto Rico has a very mild climate, without significant changes in temperatures. Temperatures vary from about 73°F (23°C) in the winter to about 80°F (27°C) in the summer. Rainfall varies significantly across the island. Some areas of the island, such as El Yunque (the anvil), a peak covered by rain forests in the eastern part of the Cordillera Central, receive over 200 inches (510 centimeters) of rain a year. The southern part of the island averages 35 to 40 inches (87 to 100 centimeters) of rainfall annually, while the northern part of the island averages 70 to 80 inches (175 to 200 centimeters).

Like most of the islands in the Caribbean, Puerto Rico is affected by the hurricane season, which lasts from the summer through the fall. In 1996 Hurricanes Bertha and Hortense struck the island in July and September, respectively. Hurricanes Georges and Lenny struck in 1998 and 1999, respectively. Although none has caused severe loss of life, damage, especially from Georges, was fairly extensive. On September 15, 2004, Jeanne hit Puerto Rico just before it was upgraded from a tropical storm to a hurricane. The government of Puerto Rico shut down the entire power grid in preparation for the arrival of Jeanne. Jeanne caused the deaths of seven people, economic losses of about $200 million, and damage to the Caribbean National Forest.

Population

Approximately 3.8 million people live in Puerto Rico. Most of the population is of Spanish descent. A small percentage is of mixed Spanish and Indian descent and of Spanish and African descent. There is a small Taíno Indian population, some of whom have organized the Jatibonicu Taíno Tribal Nation of Borikén, with its own flag and seal.

Two-thirds of the Puerto Rican population live in urban areas. The population of San Juan, the capital, is over 440,000. Puerto Rico has the highest population density in the United States outside of New Jersey. Other large cities with populations of over 100,000 include Ponce, Caguas, Arecibo, Carolina, Guaynabo, and Mayagüez.

Government

Puerto Rico has a special status within the United States because it is a commonwealth and not a state. Its official name in English is the Commonwealth of Puerto Rico. In Spanish it is called Estado Libre Asociado de Puerto Rico. Although its citizens are U.S. citizens, they do not pay federal taxes and cannot vote in presidential elections as long as they live in Puerto Rico. A non-voting commissioner represents the commonwealth in the U.S. House of Representatives.

Puerto Rico is governed by a constitution that was adopted in 1952. The governor is elected for a four-year term and can be elected multiple times. The legislature consists of 16 senators and 40 representatives from the electoral districts, plus 11 senators and 11 representatives from the entire commonwealth. However, the opposition party in each house can have two additional members if necessary to limit any party's control to two-thirds. All legislators serve for four years.

There is a supreme court, with seven justices appointed by the governor. In addition, there are also superior courts, district courts, and municipal courts.

The commonwealth consists of 78 municipalities. Each has a mayor and an assembly.

There are three major political parties. They are mainly distinguished by their views on the status of Puerto Rico. The Popular Democratic Party , known as *los populares*, wants to keep Puerto Rico's status as a commonwealth. The New Progressive Party, known as *los penepes*, wants Puerto Rico to become a state. These two parties have the largest number of followers in Puerto Rico. The Puerto Rico Independence Party, known as *los pipiolos*, wants independence from the United States. The *pipiolos* have never gotten more that about 5 percent of the vote. In the 2000 elections the Popular Democratic Party got 48.8 percent of the vote, the New Progressive Party got 45.6 percent, and the Puerto Rico Independence Party got 5.3 percent of the vote. In the 2004 elections the Puerto Rico Independence Party got less than 3 percent of the vote. As a result it was decertified as a valid party to compete in elections and had to collect 100,000 signatures to be reinstated. The State Elections Commission reinstated the party in late December.

General elections are held every four years concurrent with the U.S. general elections.

History

Before the arrival of Christopher Columbus the Taíno Indians inhabited the main island. Scientists believe that the Taínos arrived around A.D. 1000. A peaceful tribe, and part of the Arawak culture, they called it Borikén (or Borinquén), a Taíno word meaning something like "land of the brave lord."

Columbus landed on the island of Puerto Rico during his second voyage, on November 19, 1493, but he did not stay long. He gave it the name San Juan Bautista (Saint John the Baptist). In 1508 Juan Ponce de León came to Puerto Rico from Hispaniola to search for gold. He established the first Spanish settlement, called Caparra, south of the Bay of San Juan in 1509. In 1521 the settlement was moved to the site where the city of San Juan is now located. The new settlement was called Puerto Rico (rich port). Later it became known as San Juan, and Puerto Rico was used to refer to the entire main island.

The Spanish used the Indians as slaves and quickly annihilated most of the Taíno population through overwork and disease. Early in the sixteenth century the Spanish began to bring slaves from Africa to work in the mines and on the plantations. Not much gold was found in Puerto Rico, and many of the Spanish settlers began to leave for Mexico and South America to continue their search.

But because of its strategic location, Puerto Rico continued to be important for the Spanish. In 1532 they started building a fort called La Fortaleza , and in 1539 they began construction of a second fort called El Castillo de San Felipe del Morro. In the meantime, Puerto Rico frequently suffered attacks by pirates, as well as by the French and the English. Sir Francis Drake tried to take San Juan in 1595 but failed. However, in 1598 the Earl of Cumberland succeeded in taking the city and holding it for several months. In 1625 the Dutch attacked and burned most of the city.

Many of the Spanish colonies began their struggles for independence early in the nineteenth century. By the end of the 1820s Spain had lost all of its colonies in the Americas except for Cuba and Puerto Rico. There was some unrest in Puerto Rico as well, but Spain managed to remain in control by imposing many strict measures. The unrest included rebellions in 1835 and 1838. Ramón Emeterio Betances was one of the revolutionary leaders. He formed the Puerto Rican Revolutionary Committee, which on September 23, 1868, took over the town of Lares, declaring the creation of the Republic of Puerto Rico. This event became known as El Grito de Lares (The Cry of Lares). But the rebellion was quickly crushed.

In 1869 Spain granted Puerto Rico the status of a province. This led to the creation of two political parties. The Conservatives were in favor of keeping the existing relationship with Spain. The Autonomists, led by Luis Muñoz Rivera, wanted self-rule for Puerto Rico.

In April 1898 the United States declared war on Spain over the explosion of the battleship *Maine,* which was anchored in the port of Havana, Cuba, at the time. U.S. troops landed in Puerto Rico on July 25, 1898, at Guánica and very quickly gained control. The Spanish–American War ended in December 1898 with the Treaty of Paris, which gave the United States control of Puerto Rico, Cuba, and the Philippines. The United States set up a military government that lasted until 1900, when the U.S. Congress passed the Foraker Act. Under this act Puerto Ricans were allowed to elect some officials, but the U.S. president continued to appoint the civilian governor. Puerto Rico was also allowed to elect a resident commissioner to represent it in the U.S. Congress, but without a right to vote.

Luis Muñoz Rivera, who had worked with the Spanish government to get concessions for Puerto Rico before the start of the Spanish–American War, continued his struggle for increased freedom for Puerto Rico. He served as the resident commissioner until his death in 1916. Due to his efforts the United States passed the Jones Act in 1917, which gave Puerto Rico the right to elect the upper house of a legislature and made Puerto Ricans U.S. citizens.

Luis Muñoz Rivera's son, Luis Muñoz Marín, took up the struggle for more freedom. He returned to Puerto Rico from the United States and in 1938 formed the Popular Democratic Party. The party's slogan was "Pan, Tierra, Libertad" ("Bread, Land, Liberty"). In 1940 he was elected president of the Puerto Rican Senate. From there he worked to launch "Operation Bootstrap," which introduced many changes that improved the standard of living. In 1947 Puerto Rico gained the right to elect its governor, and in 1948 Luis Muñoz Marín became the first elected governor.

In 1950 the U.S. Congress passed Public Law 600, which gave Puerto Rico the right to write its own constitution. On July 25, 1952, Puerto Rico became a commonwealth of the United States under that constitution.

Muñoz Marín was reelected governor in 1952, 1956, and 1960. In 1962 he worked with President John F. Kennedy to set up a committee to study possible types of government for Puerto Rico. The question of the status of Puerto Rico has been an important issue for Puerto Ricans since the end of the Spanish–American War. In 1967 the government of Puerto Rico held a referendum on the status question. About two-thirds voted for the commonwealth, one third voted for statehood, and a small minority voted for independence. A second referendum was held in 1993. This time the vote was 48 percent in favor of the commonwealth, 46 percent in favor of statehood, and 6 percent in favor of independence. A third, non-binding referendum was held in 1998. Of the five choices, which included commonwealth status, statehood, independence, free association, and "none of the above," more than 50 percent voted for "none of the above" and more than 46 percent voted for statehood. In 2003 President George W. Bush reactivated a task force to look into the options for the ultimate status of Puerto Rico. It is likely that this question will continue to dominate politics in Puerto Rico for a long time.

Sila María Calderón of the Popular Democratic Party was elected in 2000 and was the first female governor of Puerto Rico. In the November 2004 elections the New Progressive Party won control of the Senate and the House, as well as more than half of the municipal governments. However, as an indication of how deeply divided Puerto Rico is on the question of its status, the initial results indicated that Aníbal Acevedo Vilá of the Popular Democratic Party got 48.38 percent of the vote, while Pedro Rosselló of the New Progressive Party got 48.18 percent. On November 20 the Puerto Rico Supreme Court ordered a recount, which was completed in late December, when the State Elections Commission declared Acevedo Vilá the winner. Puerto Ricans also elected Luis Fortuño of the New Progressive Party as Resident Commissioner. This is the first time that the Resident Commissioner and the governor are from different parties.

Economy

The most important sector of the Puerto Rican economy is manufacturing. Manufactured products include chemicals, medicines, machinery, food products, electronics, and clothing. Tourism is also an important source of revenue. Although more than half of the main island is made up of farmland, agriculture is not a major sector of the economy. The most important agricultural products are sugarcane and coffee. Other products include tobacco, pineapples, and bananas.

The Puerto Rican economy has benefited from many programs and incentives by both the federal and the commonwealth governments to stimulate the economy. These include Operation Bootstrap, started by Luis Muñoz Marín, and the federal Industrial Incentives Act.

Culture

Puerto Ricans refer to themselves as *boricuas* (boh-**ree**-kwahs), a word derived from the Taíno name Borikén (or Borinquén). They love festivals and sports and are enthusiastic baseball fans. Famous players in the Major Leagues include Roberto Clemente, José Cruz, and Orlando Cepeda. They also love horse-racing and cockfighting. Cockfighting originated in Spain and has been practiced in Puerto Rico almost continuously for centuries. It was suspended by the U.S. military government after the Spanish–American War but was reinstated in 1933. It is known as the sport of gentlemen because bets are made verbally and all commitments are honored. Puerto Ricans are friendly and hospitable, and as is true of most people in Latin America, they place a high value on the family and family life.

The United Nations Educational, Scientific and Cultural Organization (UNESCO) maintains a registry of cultural sites, events, and traditions from around the world. The registry includes a list of tangible places, called the UN World Heritage List, and a list of intangible events and traditions, called the List of the Intangible Heritage of Humanity. For Puerto Rico the registry includes La Fortaleza, the fortress that overlooks San Juan, as well as the city of San Juan.

Feasts and Festivals

Puerto Ricans celebrate many religious and non-religious festivals and holidays besides those that are celebrated throughout the United States. Among the non-religious holidays are the Discovery of Puerto Rico Day on November 19, Constitution Day on July 25, Columbus Day on October 12, and Emancipation Day on March 22. The birthday of Luis Muñoz Rivera, who was born on July 17, is celebrated on the third Monday in July, and the birthday of José de Diego, a very important poet, orator, and politician born on April 16, is celebrated on the third Monday in April. In New York City, the Puerto Rican Day Parade takes place on the second Sunday in June.

Among religious holidays, besides Christmas and Easter, Puerto Ricans celebrate Three Kings' Day on January 6; the Feast of San Juan Bautista, the patron saint of Puerto Rico, on June 24; and All Saints' Day on November 2. During the Christmas season groups of carolers, called *parrandas* (pah-**rrahn**-dahs), go from house to house and sing in return for food and drink. On the eve of the Feast of San Juan Bautista people go to the beach at midnight and jump backwards into the water three times to wash away bad luck for the coming year. On November 19 Puerto Ricans also celebrate the Day of Our Lady of the Divine Providence, who is the patroness of Puerto Rico. Images of the Virgin can be found all across Puerto Rico, and there is also one in the Church of Saint Barbara in Brooklyn, New York. Many towns also celebrate the day of their patron saints. One that is well known is the feast of Our Lady of Monserrate on September 8 in the town of Hormigueros. There is a basilica in Hormigueros to which many people make pilgrimages. During most of these festivals people also enjoy music, dancing, and regional foods.

Puerto Ricans also celebrate carnival. One of the more famous celebrations of carnival is in the city of Ponce, which is known as the Perla del Sur (**pehr**-lah del soor), the Pearl of the South, because of its beautiful architecture. The carnival celebration dates from the middle of the eighteenth century. The festivities start in early February and continue up to the beginning of Lent on Ash Wednesday. There are parades throughout this period, for which people make colorful costumes and fancy masks. The masks, made from papier-mâché, reflect Spanish, African, and Caribbean influences. Some of the people who participate in the parades use inflated cow bladders to swat the onlookers and to scare children. These characters are called *vejigantes* (veh-he-**gahn**-tehs), a word made up by combining the Spanish words for bladder—*vejiga* (veh-**he**-gah) and for giant—*gigante* (he-**gahn**-teh).

Food

Puerto Rican cooking is a blend of many influences, including those of the native Taínos and those imported from Africa and Spain. Common ingredients in many dishes are plantains; coconut; *yautía* (yau-**tee**-ah), which is a starchy tuber; rice; beans; and various tropical fruits. Commonly used tropical fruits include *guayaba* (gwah-**yah**-bah), *papaya* (pah-**pah**-yah), *mamey* (mah-**mei**), and *mango* (**mahn**-goh). Seafood and shellfish are used extensively, but pork and chicken dishes are also popular.

Puerto Ricans use many different spices and condiments. A very important ingredient in many dishes is *sofrito* (soh-**free**-toh), which is made with onions, peppers, garlic, tomatoes, and *culantro* (coo-**lahn**-troh). Culantro, also called *recao* (reh-**caoh**) in Puerto Rico, is similar to cilantro (cee-**lahn**-troh), or coriander. The ingredients are mixed in a blender and then fried in bacon fat. *Adobo* (ah-**thoh**-boh) is frequently used to season meats. It is a blend of oregano, garlic, olive oil, lime juice, salt, and pepper. *Achiote* (ah-**cheeoh**-teh) is a spice used to give foods an orange color similar to that of saffron. Both sofrito and adobo are available in Hispanic markets in the United States.

Chicken is used in many popular Puerto Rican dishes. These include *arroz con pollo* (ah-**rrohs** cohn **poh**-yoh), chicken and rice; *sopón de pollo con arroz* (soh-**pohn** deh **poh**-yoh cohn ah-**rrohs**), a soup made with chicken and rice; and *sopa de pollo y plátanos* (**soh**-pah deh **poh**-yoh y **plah**-tah-nohs), a soup made with chicken and plantains. A traditional Puerto Rican dish is *asopao* (ah-soh-**paoh**), which is something between a soup and a stew. It is usually made with chicken or shellfish. *Pasteles* (pahs-**teh**-lehs) are made by mixing mashed plantains with chopped meat and spices. This mixture is wrapped in plantain leaves and then cooked. *Lechón asado* (leh-**chohn** ah-**sah**-thoh), roast suckling pig, is a dish prepared for special occasions. Sour orange juice is used to baste the pig while it cooks. Sour oranges are similar to oranges but taste more like limes. Beef is used to make *carne guisada puertorriqueña* (**cahr**-neh ghee-**sah**-thah puehr-toh-rree-**keh**-nyah), a beef stew, as well as *pastelón de carne* (pahs-teh-**lohn** deh **cahr**-neh), a meat pie.

A popular Puerto Rican dessert is *flan* (flahn), a custard that is sometimes flavored with different ingredients, such as coconut or coffee. Cakes are made from various tropical fruits as well as from pumpkin and sweet potato. *Arroz con dulce* (ah-**rrohs** cohn **dool**-ceh), also called *arroz con coco* (ah-**rrohs** cohn **coh**-coh), is a traditional Christmas dessert made from rice and coconut.

Music

Puerto Rican music reflects native Taíno, Spanish, and African influences. The basic instruments used in Puerto Rican music are the *maracas* (mah-**rah**-cahs), a kind of rattle; the *güiro* (**gwee**-roh), a rasping instrument made from a gourd; and the *cuatro* (**kwah**-troh), a type of guitar that originated in Puerto Rico. The *cuatro* originally had four single strings, but since the end of the nineteenth century it has been made with five pairs of strings.

The *plena* (**pleh**-nah) is a type of rhythmic dance with strong African influences. The *danza* (**dahn**-sah) is a type of folk dance made popular by Juan Morel Campos in the nineteenth century. Rafael Hernández is known throughout Latin America for his love songs. *Salsa* (**sahl**-sah) is a blend of Latin American music, African rhythms, and jazz. Tito Puente, one of the originators of *salsa,* was born of Puerto Rican parents in Spanish Harlem in New York City.

Pablo Casals, the Spanish cellist, whose mother was Puerto Rican, moved to Puerto Rico in 1956. He founded the Puerto Rico Symphony Orchestra and established the well-known Pablo Casals Music Festival, which is held each spring.

Arts and Letters

The best-known Puerto Rican painters come from the nineteenth century. They include Francisco Oller and Ramón Frade. A well-known painter from the eighteenth century is José Campeche. Antonio Martorell, an important contemporary artist, is recognized internationally for his etchings.

There are several important Puerto Rican poets. Perhaps the best known is Eugenio María de Hostos, born in 1839. He was also a great thinker and philosopher. Other important poets include José Gautier Benítez and Luis Lloréns Torres. René Marqués is a well-known playwright.

Other well-known Puerto Ricans in the arts include the singer and guitar player José Feliciano; the pop singer Ricky Martin; the dancer, singer, and actress Rita Moreno; and the actors José Ferrer and Raúl Julia.

RECIPES

Coconut

The coconut tree (*Cocos nucifera*) belongs to the palm family and probably originated in Malaysia and Polynesia. It is now found all across the tropical islands of the Pacific Ocean, in India, and in the Caribbean islands. The coconut palm can grow as high as 100 feet (30 meters). The palm will begin producing fruit after about seven years. One tree can produce around 100 coconuts per year.

The coconut tree is very useful. The wood from the trunk can be used to build houses or as fuel. The whole leaves are used for roofing, and the individual strips of the leaves can be used for hats and baskets. The sap from the blossoms can be fermented to make an alcoholic drink. The husk around the coconut consists of short fibers that can be used for brooms, brushes, and rope. The shell of the coconut can be used to make bowls.

The coconut itself, which is a seed, has many food uses. The white meat inside the shell can be eaten raw. When the coconut is completely ripe this meat is hard, but before it has ripened the meat is soft and gelatinous. The hard meat can be grated and added to many different foods. It is often used as an ingredient in various types of candies. By combining the grated meat with water and then straining it, coconut milk is made. The milk is then used to flavor many dishes, such as *arroz con coco* (ah-**rrohs** cohn coh-coh), baked fish, and many more. The meat can also be dried and then used to make cooking oil and margarine. Many people drink the slightly sweet liquid found inside the coconut. The oil contained in the coconut is also used to make suntan lotions.

The dried meat, which is called copra, also has other non-food uses; for example, it is used to make soap and cosmetics.

Besitos de coco (beh-**see**-tohs deh **coh**-coh)

(Coconut Kisses)

Besitos de coco are small coconut patties made from coconut and sugar. They can be served as part of a dessert tray or just as a sweet snack.

2 cups grated coconut*
1 cup water
1½ cups brown sugar

Mix sugar and water and bring to a boil over moderate heat, stirring constantly with a spoon. Reduce heat and continue cooking over low heat, stirring constantly until the mixture becomes very thick, about 15–20 minutes. Add the coconut and continue cooking, stirring constantly, just until there is no liquid left, about 10–15 minutes, or when you can briefly see the bottom of the pot as you pass the spoon over it. If you remove the pot from the heat too soon, the kisses will not harden completely when they cool. If you remove it too late, the sugar will crystallize and the kisses will crumble.

Remove from heat, and using a tablespoon drop spoonfuls on a cookie sheet covered with wax paper. Allow to cool completely.

*Notes: Unsweetened grated coconut is usually available in the freezer section of Hispanic markets. Most U.S. supermarkets have sweetened coconut in the baking products section. If using sweetened coconut reduce sugar by ¼ cup.

Arroz con dulce

(Sweet Rice)

This dessert, made with rice, milk, coconut, sugar, and raisins, is traditionally served at Christmas time in Puerto Rican homes.

1 can (13½ oz.) coconut cream
1 can (15 oz.) coconut milk
½ cup water
¼ teaspoon ground cloves
½ teaspoon cinnamon
½ teaspoon vanilla extract
¼ teaspoon salt
2 cups white rice
1 12-oz. can evaporated milk
1 cup water
¾ cup brown sugar
¾ cup raisins

Put coconut cream, coconut milk, and water in a saucepan. Add the cloves, cinnamon, vanilla extract, and salt. Bring to a boil over medium high heat, reduce heat to low, cover, and simmer for about 10 minutes.

Add the rice to this mixture and bring to a boil over medium high heat. Reduce the heat to low, cover, and cook for about 20 minutes, until the liquid has been absorbed.

While the rice is cooking, mix the evaporated milk, water, sugar, and raisins in a saucepan. Bring to a boil over medium high heat, cover, and set aside.

When the rice is done, add the milk with raisins, mix well, and continue to cook, stirring occasionally, until the rice has absorbed the milk. Allow to cool to room temperature and serve.

Plátanos maduros (plah-tah-nohs mah-thoo-rohs)

(Fried Ripe Plantains)

Although the name of this dish means ripe plantains, it refers to fried slices of ripe plantains. In some places the dish is simply called *maduros*. The dish is generally served during lunch or dinner.

4 very ripe plantains (the skin should be almost black)*
4 tablespoons vegetable oil
4 tablespoons butter
Salt to taste

Peel the plantains and slice diagonally into slices about ½ inch thick. Heat the oil and butter in a large skillet over medium heat. Put as many slices as will fit into the skillet and cook for 3–4 minutes on each side until golden brown. Drain on paper towel, salt lightly, and serve.

*Notes: See instructions for peeling a plantain in Chapter 4.

Arroz con cerdo (ah-rrohs cohn cehr-do)

(Rice with Pork)

This dish is served as a main course for lunch or dinner accompanied by a salad and fried ripe plantains. It can easily be made in large quantities to serve at a party.

4–5 thick boneless pork chops, cut into cubes
2 tablespoons vegetable oil
1 large onion, chopped
1 small bell pepper, chopped
4 garlic cloves, chopped
2 cups white rice
4 cups chicken stock
1 package frozen peas
¼ cup capers

1 tablespoon tomato paste

1 teaspoon salt

½ teaspoon fresh ground black pepper

Heat the oil in a large pot, like a Dutch oven, over medium heat. Add the pork cubes and brown, turning frequently, for about 10 minutes. Take the pork out and set aside. Add the chopped onion and bell pepper and cook, stirring occasionally, for about 5 minutes. Add the chopped garlic and cook for another 2–3 minutes.

Return the pork to the pot, add the remaining ingredients, and mix well. Bring to a boil over medium high heat, cover, reduce heat to low, and cook for about 20 minutes, until all the liquid has been absorbed. Uncover, and leave over low heat for another 5 minutes.

VOCABULARY (Words Derived from Spanish)

Canoe—from canoa

Hoosegow—from juzgado, court

Iguana—from iguana

Montana (the state)—from montaña, mountain

Salsa—from salsa, sauce

Stampede—from estampida, stampede

LEARNING LAUNCH

Following are some examples of assignments and projects that may be used to help students learn more about Puerto Rico (see Appendix A for additional assignments).

1. Divide the students into three groups and assign each group one of the mainstream positions on the status of Puerto Rico—statehood, commonwealth, and independence. Ask the students to represent each of these positions from the standpoint of the proponents of each one, making reference to those proponents and the political parties that represent each position.

2. Ask the students, either individually or in groups, to report on various aspects of salsa music, including some of its creators, such as Tito Puente, the influences of other types of music on salsa music, and some of its current performers, like Willie Colón, El Gran Combo de Puerto Rico, Hector Lavoe, Gilberto Santa Rosa, and La India. If appropriate, bring samples of the music to play in class and ask students to demonstrate for the rest of the class how to dance to this music.

3. Ask the students, individually or in groups, to research and report on the Taíno culture. Reports could focus on their origins, mythology, social structure, agricultural practices, and diet.

MORE LEARNING OPPORTUNITIES

The following topics may be used as subjects for class discussion or as assignments for research projects that can be tailored to particular grade levels.

Geography and Climate

- Vieques
- Arecibo Observatory
- El Yunque
- Hurricanes Bertha and Hortense
- Hurricane Georges

Government

- Similarities and differences between the government structures of the Commonwealth of Puerto Rico and the 50 states
- The history and responsibilities of the resident commissioner

History

- Juan Ponce de León
- Ruins of the settlement of Caparra
- Fortifications of La Fortaleza and El Morro
- The attacks of Francis Drake on the Spanish possessions in the Americas
- The Earl of Cumberland and the occupation of San Juan
- Ramón Emeterio Betances
- Luis Muñoz Rivera
- Luis Muñoz Marín

Economy

- Industrial Incentives Act
- Operation Bootstrap
- Pineapples
- Coffee

Culture

- Puerto Rico Day Parades in New York City and Chicago
- The Feast of San Juan Bautista
- José de Diego
- Tito Puente

READING LIST

See Appendix B for additional information and readings.

Belpre, Pura. *Firefly Summer*. 1996. Grades 5–7.
A girl spends summer vacation on the family's farm in Puerto Rico.

Mohr, Nicholasa. *Felita*. 1999. Grades 4–7.
A girl is teased in her new neighborhood because she is from Puerto Rico.

Mohr, Nicholasa. *Going Home*. 1999. Grades 4–7.
Felita returns to spend the summer in a small village in Puerto Rico.

Ortiz Cofer, Judith. *An Island Like You: Stories of the Barrio*. 1995. Grades 7+.
Twelve stories of teens in a Puerto Rican barrio in New Jersey.

Polikoff, Barbara Garland. *Why Does the Coquí Sing?* 2004. Grades 4–6.
A 13-year-old girl's Puerto Rican mother and stepfather move the family from Chicago to Puerto Rico.

Santiago, Esmeralda. *Almost a Woman*. 1999. Grades 10+.
A sequel to *When I Was Puerto Rican*.

Santiago, Esmeralda. *When I Was Puerto Rican*. 1994. Grades 10+.
The autobiographical story of a girl's childhood in Puerto Rico and teen years in New York City.

INTERNET RESOURCES

See Appendix C for a list of additional general resources.

www.icp.gobierno.pr	Site of the Institute of Puerto Rican Culture
www.elboricua.com	Bilingual site with general information about Puerto Rico
www.endi.com	Web site of *El Nuevo Día,* one of the leading newspapers in Puerto Rico
www.cia.gov/cia/publications/factbook/geos/rq.html	The CIA's World Factbook—Puerto Rico
www.lanic.utexas.edu/la/cb/other/pr	Puerto Rico page of the Web site of the Latin American Network Information Center at the University of Texas
www.naic.edu	Web site of the Arecibo Observatory
www.loc.gov/rr/international/portals.html	The Library of Congress country information
www.countryreports.org	General information about Puerto Rico
www.gksoft.com/govt/en/world.html	Contains links to many official sites about Puerto Rico

Capítulo 3B

Puerto Rico

INFORMACIÓN GENERAL

Puerto Rico forma parte de la cadena de islas llamadas las Indias Occidentales o las Antillas. Estas islas son realmente los picos de una cordillera submarina. Puerto Rico queda a unas mil millas (1.600 kilómetros) al sudeste del estado de Florida. Además de la isla principal, también llamada Puerto Rico, hay varias islas más pequeñas que conforman el Estado Libre Asociado de Puerto Rico. Las más importantes son Vieques, Mona y Culebra. El Canal de Mona separa a Puerto Rico de la República Dominicana hacia el oeste. La isla de Puerto Rico es la isla más pequeña y más oriental de las Antillas Mayores. Puerto Rico, con todas las islas que lo conforman, tiene una superficie de 3.515 millas cuadradas (9.103 kilómetros cuadrados), más o menos del tamaño del estado de Rhode Island. Puerto Rico tiene un estatus especial como un estado libre asociado de Estados Unidos. Sus ciudadanos son ciudadanos estadounidenses. Los puertorriqueños llaman la isla principal Isla del Encanto. El radiotelescopio más grande del mundo, el Observatorio de Arecibo, se encuentra cerca de la ciudad de Arecibo.

Sus símbolos son la bandera, la cual fue adoptada en 1952, y el escudo del estado libre asociado. La bandera tiene 5 franjas de color rojo y blanco y un triángulo azul con una estrella blanca en el centro. Símbolos de la naturaleza incluyen la reina mona, o reinita, la flor de maga y la ceiba. Algunos consideran al coquí, una pequeña rana, como un símbolo de Puerto Rico.

Ya que Puerto Rico es parte de Estados Unidos, su moneda oficial es el dólar estadounidense.

Según estimados del 2003 la población de Puerto Rico es de aproximadamente 3,8 millones de habitantes. En los Estados Unidos continentales residen aproximadamente 2,7 millones de personas de origen puertorriqueño.

Geografía y Clima

La isla de Puerto Rico tiene la forma de un rectángulo y se puede dividir en cuatro regiones geográficas:

- Las tierras bajas costeras en el norte y el sur de la isla

- Los valles en el este y oeste de la isla

- La Cordillera Central

- Las faldas de la cordillera a cada lado de la Cordillera Central

Las tierras bajas costeras del norte de la isla son bastante húmedas, mientras que las del sur son más áridas. Los valles son muy fértiles. La Cordillera Central corre casi por el centro y a lo largo de la isla del este al oeste. El sitio más alto en Puerto Rico, el Cerro de Punta, con una altura de 4.389 pies (1.338 metros) se encuentra en la parte occidental de esta cordillera. Montañas y lomas cubren unas tres cuartas partes de la isla.

Los dos ríos más grandes en la isla de Puerto Rico, el Río Arecibo y el Río Manatí, fluyen de las montañas centrales hacia el norte y desembocan en el Océano Atlántico. El Río Añasco fluye hacia el oeste y desemboca en el Canal de Mona.

La isla de Puerto Rico tiene un clima bastante cálido, sin cambios significativos de temperaturas. Las temperaturas varían de unos 73°F (23°C) en el invierno a unos 80°F (27°C) en el verano. La precipitación varía bastante a lo largo de la isla. En algunas partes, como en El Yunque, un pico cubierto de selvas tropicales en la parte oriental de la Cordillera Central, la precipitación llega a más de 200 pulgadas (510 centímetros) al año. La parte sur de la isla tiene un promedio anual de precipitación de 35 a 40 pulgadas (87 a 100 centímetros). La parte norte de la isla tiene un promedio anual de precipitación de 70 a 80 pulgadas (175 a 200 centímetros). Tal como en la mayoría de las islas en el Mar Caribe, la temporada de huracanes que dura desde el verano hasta el final del otoño impacta a Puerto Rico. En 1996 los huracanes Bertha y Hortense pasaron por la isla en julio y septiembre respectivamente. Los huracanes Georges y Lenny golpearon la isla en 1998 y 1999 respectivamente. Aunque ninguno de ellos causó tan grandes pérdidas de vida como en otras islas, los daños causados han sido extensos, especialmente los que causó Georges. En el 2004 Jeanne llegó a Puerto Rico el 15 de septiembre, poco antes de que le cambiaran la calificación de tormenta tropical a huracán. El gobierno de Puerto Rico cortó la red de electricidad en toda la isla antes de la llegada de la tormenta. Jeanne causó la muerte de siete personas, pérdidas económicas por unos $200 millones de dólares y daños al parque nacional llamado Caribbean National Forest (Bosque Nacional del Caribe).

Población

La población de Puerto Rico es de aproximadamente 3,8 millones de habitantes. La mayor parte de la población es de descendencia española. Un pequeño porcentaje es de descendencia mixta española e indígena y española y africana. Hay una pequeña población taína, entre la cual algunos han organizado la autodenominada Nación Tribal Jatibonicu Taíno de Borikén, con su propia bandera y escudo.

Dos tercios de la población viven en áreas urbanas. La población de San Juan, la capital, es de un poco más de 440.000 habitantes. Puerto Rico tiene la más alta densidad poblacional de Estados Unidos fuera del estado de New Jersey. Otras grandes ciudades con más de 100.000 habitantes son Ponce, Caguas, Arecibo, Carolina, Guaynabo y Mayagüez.

Gobierno

Puerto Rico tiene un estatus especial dentro de Estados Unidos porque es un estado libre asociado, no un estado como los demás. Su nombre oficial en español es Estado Libre Asociado de Puerto Rico. En inglés se llama Commonwealth of Puerto Rico. Aunque sus ciudadanos son ciudadanos estadounidenses, ellos no pagan impuestos federales y no pueden votar en elecciones presidenciales mientras que sean residentes de Puerto Rico. Un comisionado sin derecho de voto representa Puerto Rico en la Cámara de Representantes de Estados Unidos.

El gobierno de Puerto Rico se rige por una constitución que fue adoptada en 1952. El gobernador es elegido por un período de cuatro años y puede ser reelegido múltiples veces. La legislatura la conforman 16 senadores y 40 representantes de los distritos electorales, más 11 senadores y 11 representantes para todo el estado. Sin embargo, el partido opositor en cada cámara tiene derecho a dos miembros adicionales para limitar la mayoría del partido en el poder a dos tercios. Todos los senadores y representantes ejercen por un período de cuatro años.

Hay una corte suprema con siete jueces nombrados por el gobernador. Además hay varias cortes superiores, de distrito y municipales.

En Puerto Rico hay 78 municipios. Cada uno de ellos tiene un alcalde y una asamblea.

Hay tres partidos políticos principales. Estos se distinguen básicamente por sus puntos de vista con respecto al estatus de Puerto Rico. El Partido Popular Democrático (PPD), conocido como "los populares," quiere mantener el estatus de estado libre asociado. El Partido Nuevo Progresista (PNP), conocido como "los penepes," quiere que Puerto Rico sea un estado como los demás. Estos dos partidos tienen el mayor número de seguidores. El Partido Independentista Puertorriqueño (PIP), conocido como "los pipiolos," quiere que Puerto Rico sea completamente independiente de Estados Unidos. Los pipiolos nunca han obtenido mucho más que el 5 por ciento del voto. En las elecciones del 2000 el PPD ganó el 48,8 por ciento del voto, mientras que el PNP ganó el 45,6 por ciento y el PIP el 5,3 por ciento. En las elecciones del 2004 el PIP ganó menos del 3 por ciento del voto. Por lo tanto fue de-certificado como partido político viable y tuvo que recoger 100.000 firmas para ser restituido. A fines de diciembre la Comisión Estatal de Elecciones lo restituyó.

En Puerto Rico hay elecciones cada cuatro años junto con las elecciones generales en el resto de Estados Unidos.

Historia

Antes de la llegada de Cristóbal Colón los taínos habitaban la isla principal. Los científicos creen que los taínos llegaron a la isla a eso del año 1000. Los taínos eran una tribu pacífica, miembros de la cultura indígena de los arahuacos, o arawakos. Llamaban la isla Borikén (o Borinquén), una palabra taína que significa algo como "la tierra del señor valiente."

Colón desembarcó en la isla principal durante su segundo viaje, el 19 de noviembre de 1493, pero no permaneció mucho tiempo. Le puso a la isla el nombre de San Juan Bautista. Juan Ponce de León vino a Puerto Rico de la isla La Española en 1508 en búsqueda de oro. En 1509 estableció el primer asentamiento en Puerto Rico, llamado Caparra, al sur de la Bahía de San Juan. En 1521 trasladaron el asentamiento al lugar donde ahora se encuentra San Juan. Al nuevo asentamiento lo llamaron Puerto Rico. Más tarde llegó a conocerse como San Juan, y Puerto Rico pasó a usarse como el nombre de la isla entera.

Los españoles destruyeron gran parte de la población taína en poco tiempo pues los usaron como esclavos. Demasiado trabajo y enfermedades causaron su destrucción. A principios del siglo dieciséis los españoles empezaron a traer esclavos del África para trabajar en las minas y las haciendas. En Puerto Rico no había mucho oro, y muchos de los colonos españoles partieron hacia México y Suramérica para seguir su búsqueda.

Pero Puerto Rico siguió siendo de gran importancia para España por su ubicación estratégica. En 1532 los españoles empezaron a construir el fuerte llamado la Fortaleza, y en 1539 empezaron a construir un segundo fuerte llamado el Castillo de San Felipe del Morro. Tanto los piratas como los franceses y los ingleses atacaban la isla con frecuencia. Francis Drake trató de capturar San Juan en 1595 pero falló. Pero en 1598 el Conde de Cumberland logró la captura de la ciudad, y la mantuvo por varios meses. En 1625 los holandeses atacaron y quemaron gran parte de la ciudad.

Muchas de las colonias españolas empezaron sus luchas por la independencia a principios del siglo diecinueve. Para fines de los años 1820 España había perdido todas sus colonias en las Américas a excepción de Cuba y Puerto Rico. En Puerto Rico también hubo algunos disturbios, pero España logró mantener su autoridad a base de estrictas medidas. Entre los disturbios están las rebeliones de 1835 y 1838. Ramón Emeterio Betances fue uno de los líderes revolucionarios. Formó el Comité Revolucionario de Puerto Rico, y el 23 de septiembre de 1868 tomaron el pueblo de Lares y declararon la creación de la República de Puerto Rico. Este acontecimiento llegó a conocerse como el Grito de Lares. Pero esta rebelión también fue prontamente aplastada.

En 1869 España le concedió a Puerto Rico el estatus de una provincia. Los puertorriqueños formaron dos partidos políticos. Los Conservadores estaban a favor de continuar esa relación con España. Los Autonomistas, liderados por Luis Muñoz Rivera, querían un gobierno autónomo para Puerto Rico.

En abril de 1898 Estados Unidos declaró la guerra con España por motivo de la explosión del acorazado *Maine*, el cual se encontraba anclado en el puerto de La Habana, Cuba. Tropas estadounidenses desembarcaron en la isla de Puerto Rico el 25 de julio de 1898 en Guánica, y rápidamente llegaron a controlar toda la isla. La Guerra Hispano-Americana terminó en diciembre de 1898 con el Tratado de París, el cual le cedió a Estados Unidos control sobre Puerto Rico, Cuba y Filipinas. Estados Unidos estableció un gobierno militar hasta 1900, cuando el congreso aprobó la Ley Foraker. Esta ley le permitió a los puertorriqueños elegir algunos funcionarios, pero el presidente de Estados Unidos siguió nombrando al gobernador civil de la isla. También le dio a Puerto Rico el derecho de elegir un comisionado residente para representar la isla en el congreso norteamericano, pero sin derecho de voto.

Luis Muñoz Rivera había trabajado con el gobierno español antes de la Guerra Hispano-Americana para que le concediera más derechos a Puerto Rico. Después de la guerra continuó su lucha por una mayor libertad para Puerto Rico. Ejerció como comisionado residente hasta su muerte en 1916. A causa de sus esfuerzos Estados Unidos promulgó la Ley Jones en 1917, la cual le concedió a Puerto Rico el derecho de elegir la cámara alta de una legislatura y le concedió a los puertorriqueños la ciudadanía estadounidense.

Luis Muñoz Marín, el hijo de Luis Muñoz Rivera, siguió la lucha por más libertad para Puerto Rico. Regresó de Estados Unidos a Puerto Rico, y en 1938 formó el Partido Popular Democrático. El lema del partido era "Pan, Tierra, Libertad." En las elecciones de 1940 fue elegido presidente del Senado de Puerto Rico. Desde allí trabajó para lanzar la Operación Manos a la Obra, la cual llevó a cabo muchos cambios y mejoró la calidad de vida en Puerto Rico. En 1947 Puerto Rico obtuvo el derecho de elegir al gobernador, y en 1948 Luis Muñoz Marín llegó a ser el primer gobernador electo de Puerto Rico.

En 1950 el Congreso de Estados Unidos promulgó la Ley Pública 600, la cual le concedió a Puerto Rico el derecho de escribir su propia constitución. El 25 de julio de 1952 se creó el Estado Libre Asociado de Puerto Rico bajo esa constitución.

A Muñoz Marín lo reeligieron gobernador en 1952, 1956 y 1960. En 1962 trabajó con el Presidente John F. Kennedy para establecer una comisión para estudiar posibles formas de gobierno para Puerto Rico. La cuestión del estatus de Puerto Rico ha sido de gran importancia para los puertorriqueños desde el final de la Guerra Hispano-Americana. En 1967 hubo un referendo sobre ella. Más o menos dos tercios de los habitantes votaron por el estado libre asociado, un tercio por hacer de Puerto Rico un estado, y una pequeña minoría por la independencia. En 1993 hubo un segundo referendo. Esta vez el voto fue de 48 por ciento a favor del estado libre asociado, 46 por ciento a favor de un estado dentro de Estados Unidos, y 6 por ciento a favor de la independencia. En 1998 hubo un tercer referendo no obligatorio con cinco opciones—estado libre asociado, estado, independencia, asociación libre, y "ninguna de ellas." Más del 50 por ciento votaron por la opción "ninguna de ellas" y más del 46 por ciento votaron por un estado dentro de Estados Unidos. En el 2003 el Presidente George W. Bush reactivó una comisión que investigara opciones para un estatus definitivo para Puerto Rico. Es muy probable que esta cuestión siga dominando la vida política en Puerto Rico por mucho tiempo.

Sila María Calderón del Partido Popular Democrático fue elegida gobernadora de Puerto Rico en el 2000. Fue la primera mujer gobernadora de Puerto Rico. En las elecciones de noviembre del 2004 el PNP ganó el control del Senado y de la Cámara de Representantes, como también de más de la mitad de los gobiernos municipales. Sin embargo, como indicador de la gran división que existe en la isla en cuanto a su estatus, según los resultados preliminares Aníbal Acevedo Vilá del PPD ganó el 48,38 por ciento del voto, mientras que Pedro Roselló del PNP ganó el 48,18 por ciento. El 20 de noviembre la Corte Suprema de Puerto Rico ordenó un segundo escrutinio de los votos, el cual se completó a fines de diciembre, cuando la Corte Estatal de Elecciones declaró a Acevedo Vilá como ganador. Los puertorriqueños también eligieron a Luis Fortuño del PNP como comisionado residente. Es la primera vez que el gobernador y el comisionado residente son de distintos partidos.

Economía

El sector más importante de la economía puertorriqueña es la industria manufacturera. Entre los productos fabricados en Puerto Rico están los químicos, medicinas, maquinaria, alimentos, los electrónicos y la confección. El turismo también es una fuente importante de ingresos. Aunque más de la mitad de la isla principal consiste de tierras agrícolas, la agricultura no es un sector económico tan significativo. Los más importantes productos agrícolas son la caña de azúcar y el café. Entre otros productos están el tabaco, la piña y el banano.

La economía de Puerto Rico se ha beneficiado de muchos programas e incentivos, tanto del gobierno federal como del gobierno de Puerto Rico, para estimular la economía. Entre ellos están la Operación Manos a la Obra, iniciada por Luis Muñoz Marín, y la Ley de Incentivos Industriales del gobierno federal.

Cultura

Los puertorriqueños se llaman boricuas entre sí. La palabra boricua viene de Borikén (o Borinquén), el nombre taíno de la isla. Les encantan los festivales y los deportes, y son aficionados entusiastas del béisbol. Entre los famosos jugadores de béisbol puertorriqueños de las Grandes Ligas están Roberto Clemente, José Cruz y Orlando Cepeda. También les encantan las carreras de caballo y las peleas de gallos. Las peleas de gallos son de origen español y han existido por siglos en Puerto Rico. Fueron suspendidas por el gobierno militar estadounidense después de la Guerra Hispano-Americana, pero se restituyeron en 1933. Se les conoce como el deporte de caballeros porque las apuestas se hacen verbalmente, y todos los compromisos se cumplen. Los puertorriqueños son amistosos y acogedores. Al igual que la mayoría de los latinos, también valoran la familia y la vida familiar.

La Organización de las Naciones Unidas para la Educación, la Ciencia y la Cultura (UNESCO por su sigla en inglés) mantiene un registro de sitios, eventos y tradiciones culturales de todo el mundo. El registro incluye una lista de sitios tangibles, llamada Lista del Patrimonio Mundial, y una lista de eventos y tradiciones intangibles, llamada Lista del Patrimonio Oral e Inmaterial de la Humanidad. Para Puerto Rico este registro incluye La Fortaleza, el fuerte que domina la ciudad de San Juan, y también la ciudad de San Juan.

Fiestas y Festivales

Los puertorriqueños celebran muchos festivales religiosos y no religiosos y días feriados además de aquellos que se celebran en Estados Unidos. Entre las fiestas no religiosas están el Día del Descubrimiento de Puerto Rico, el 19 de noviembre, el Día de la Constitución, el 25 de julio, el Día de la Raza, el 12 de octubre, y el Día de la Emancipación, el 22 de marzo. El natalicio de Luis Muñoz Rivera, quien nació el 17 de julio, se celebra el tercer lunes de julio, y el natalicio de José de Diego, un poeta, orador y político muy importante nacido el 16 de abril, se celebra el tercer lunes de abril. En la ciudad de Nueva York el Desfile del Día de Puerto Rico tiene lugar el segundo domingo de junio.

Entre las fiestas religiosas, además de Navidad y Pascua, los puertorriqueños celebran el Día de los Reyes Magos, el 6 de enero, la Fiesta de San Juan Bautista, el santo patrón de la isla, el 24 de junio, y el Día de Todos los Santos, el 2 de noviembre. Durante las Navidades grupos llamados parrandas van de casa en casa y cantan a cambio de comida y bebidas. En la víspera de la Fiesta de San Juan Bautista la gente va a la playa a medianoche y se tiran hacia atrás en el agua tres veces para lavarse la mala suerte durante el año siguiente. El 19 de noviembre también celebran el Día de Nuestra Señora de la Divina Providencia, la patrona de Puerto Rico. Imágenes de la Virgen se encuentran en todas partes, y en la Iglesia de Santa Bárbara en Brooklyn, New York también hay una estatua de ella. Muchos pueblos también celebran sus fiestas patronales. Una que es muy conocida es la fiesta de Nuestra Señora de Monserrate, en Hormigueros, el 8 de septiembre. En Hormigueros hay una basílica adonde mucha gente hace peregrinaciones. Durante estas fiestas patronales la gente también disfruta de música, baile y comidas regionales.

Los puertorriqueños también celebran el carnaval. Uno de los carnavales más famosos es el de Ponce, ciudad conocida como la Perla del Sur por su bella arquitectura. Este carnaval viene de mediados del siglo dieciocho. Las fiestas empiezan a principios de febrero y continúan hasta el comienzo de la cuaresma el Miércoles de Ceniza. Durante las fiestas hay desfiles para los cuales mucha gente viste de disfraces y máscaras coloridas. Las máscaras, hechas de papier-mâché, reflejan las influencias españolas, africanas y caribeñas. Algunos de los participantes usan vejigas de vaca infladas para golpear a los espectadores y asustar a los niños. Estos personajes se llaman vejigantes, una palabra compuesta de las palabras vejiga y gigante.

Comida

La cocina puertorriqueña es una mezcla de muchas influencias, entre ellas las nativas del pueblo taíno y las importadas del África y de España. Entre los ingredientes de uso común están el plátano, el coco, la yautía, un tubérculo harinoso, el arroz, los frijoles y varias frutas tropicales. Las frutas tropicales incluyen la guayaba, la papaya, el mamey y el mango. El pescado y los mariscos se usan bastante, pero el cerdo y el pollo también son populares.

Los puertorriqueños usan una gran variedad de especias y condimentos. Un ingrediente muy importante en muchos platos es el sofrito, que se hace con cebolla, ají, ajo, tomate y culantro. El culantro, también llamado recao en Puerto Rico, es parecido al cilantro. Los ingredientes se mezclan en una licuadora y se fríen en manteca de tocino. El adobo se usa para condimentar la carne. Es una mezcla de orégano, ajo, aceite de oliva, jugo de limón, sal y pimienta. El achiote es una especia que le da a la comida un color anaranjado parecido al del azafrán. Tanto el sofrito como el adobo se consiguen en los mercados hispanos en Estados Unidos.

El pollo se usa en muchos platos. Entre ellos están arroz con pollo, sopón de pollo con arroz, y sopa de pollo y plátanos. El asopao es un plato tradicional que es algo entre una sopa y un guiso. Se prepara con pollo o con mariscos. Los pasteles se hacen con una mezcla de plátanos machacados, carne picada y especias. Esta mezcla se envuelve en hojas de plátano y se cuece. Lechón asado es un plato que se prepara en ocasiones especiales. El cerdo se rocía con jugo de naranja agria mientras se asa. La naranja agria es parecida a una naranja común pero tiene un sabor más parecido a una lima. La carne guisada puertorriqueña y el pastelón de carne se hacen con carne de res.

Un postre puertorriqueño muy popular es el flan, al cual a veces se le agregan ingredientes como coco o café para darle sabores distintos. Hay bizcochos que se hacen con varias frutas tropicales o con calabaza o batata. Arroz con dulce, o arroz con coco, es un postre tradicional para Navidad.

Música

En la música puertorriqueña se reflejan las influencias taína, española y africana. Los instrumentos básicos en la música puertorriqueña son las maracas, el güiro y el cuatro, que es un tipo de guitarra de origen puertorriqueño. Originalmente el cuatro tenía cuatro cuerdas, pero desde el siglo diecinueve se hace con cinco pares de cuerdas.

La plena es un baile rítmico con fuerte influencia africana. La danza es un baile tradicional que popularizó Juan Morel Campos en el siglo diecinueve. Rafael Hernández es conocido por toda Latinoamérica por sus canciones románticas.

La salsa es una mezcla de música latinoamericana, ritmos africanos y jazz. Uno de los creadores de la salsa es Tito Puente, quien nació en Spanish Harlem, en la ciudad de Nueva York, de padres puertorriqueños.

Pablo Casals, el violonchelista español de madre puertorriqueña fue a vivir en Puerto Rico en 1956. Fundó la Orquesta Sinfónica de Puerto Rico y estableció el famoso Festival de Música Pablo Casals, que tiene lugar todos los años en la primavera.

Artes y Letras

Los más conocidos pintores puertorriqueños son del siglo diecinueve. Entre ellos están Francisco Oller y Ramón Frade. José Campeche es un pintor bien conocido del siglo dieciocho. Antonio Martorell es un importante artista contemporáneo, reconocido internacionalmente por sus grabados.

Hay varios importantes poetas puertorriqueños. Quizás el mejor conocido es Eugenio María de Hostos, nacido en 1839. También fue un gran pensador y filósofo. Otros importantes poetas son José Gautier Benítez y Luis Lloréns Torres. René Marqués es un dramaturgo bien conocido.

Otros puertorriqueños conocidos en las artes son el cantante y guitarrista José Feliciano, el cantante de rock Ricky Martin, la bailarina, cantante y actriz Rita Moreno, y los actores José Ferrer y Raúl Julia.

RECETAS

Coco

La palma de coco (*Cocos nucifera*) pertenece a la familia de la palma y probablemente su origen es en Malasia y Polinesia. Ahora se encuentra a través de todas las islas tropicales del Océano Pacífico, en la India y en las islas del Mar Caribe. La palma de coco puede llegar hasta 100 pies (30 metros) de altura. La palma empieza a producir fruta más o menos a los siete años. Cada árbol puede producir alrededor de cien cocos al año.

Es un árbol muy útil. La madera del tronco se puede usar para construir casas. Las hojas enteras se usan para hacer techos, y las tiras individuales de las hojas se usan para hacer sombreros y canastas. El zumo de las flores se puede fermentar para hacer una bebida alcohólica. La cáscara alrededor del coco consiste de fibras cortas que se pueden usar para hacer escobas, brochas y soga. La cáscara dura del coco se puede usar para hacer tazas.

El coco mismo, que es una semilla, tiene muchos usos en alimentos. La carne blanca dentro de la cáscara se puede comer cruda. Cuando el coco está completamente maduro esta carne es dura, pero antes de madurar es blanda y gelatinosa. Cuando está dura se puede rallar y agregar a distintos alimentos. Se usa con frecuencia como un ingrediente en varios tipos de dulces. También se usa para hacer una leche de coco combinando la carne rallada con agua y colándola. Esta leche se usa para darle sabor a muchos platos, como el arroz con coco, el pescado al horno, y muchos más. La carne también se seca para hacer aceite para cocinar y margarina. Mucha gente bebe el agua un poco dulce que se encuentra dentro del coco. El gran contenido de aceite dentro del coco se utiliza también para fabricar bronceadores para la piel.

La carne seca, que se llama copra, también tiene otros usos. Por ejemplo, se usa para elaborar jabón y productos cosméticos.

Besitos de coco

Los besitos de coco son unos dulces hechos de coco y azúcar. Se pueden servir como parte de una bandeja de postres o solos.

2 tazas de coco rallado*
1 taza de agua
1½ tazas de azúcar moreno

Combine el agua y azúcar y ponga a hervir sobre fuego moderado, revolviendo constantemente. Baje el fuego y siga cociendo sobre fuego lento, revolviendo constantemente hasta que la mezcla quede bien espesa, unos 15–20 minutos. Agregue el coco y siga cociendo, revolviendo constantemente, apenas hasta que no quede nada de líquido, unos 10–15 minutos o cuando se pueda ver brevemente el fondo de la olla al pasar la cuchara. Si la olla se quita del fuego demasiado pronto los besitos no se endurecen cuando se enfríen. Si se quita demasiado tarde, el azúcar se cristaliza y los besitos se desmoronan.

Retire la olla del fogón. Usando una cuchara, ponga cucharadas de la mezcla sobre una bandeja de hornear cubierta con papel encerado. Deje que se enfríen completamente.

*Notas: Coco rallado sin dulce se consigue en mercados hispanos en la sección de productos congelados. En cualquier supermercado se consigue coco rallado y endulzado en la sección de productos para hornear. Si usa este coco endulzado reduzca la cantidad de azúcar, utilizando solamente 1¼ taza.

Arroz con dulce

Este postre, hecho con arroz, leche, coco, azúcar y uvas pasas suele servirse durante las Navidades en muchos hogares puertorriqueños.

1 lata (13½ onzas) de crema de coco
1 lata (15 onzas) de leche de coco
½ taza de agua
¼ cucharadita de clavos de olor molidos
½ cucharadita de canela
½ cucharadita de extracto de vainilla
¼ cucharadita de sal
2 tazas de arroz
1 lata (12 onzas) de leche evaporada
1 taza de agua
¾ taza de azúcar moreno
¾ taza de uvas pasas

Ponga la crema de coco, la leche de coco y el agua en una olla. Agregue los clavos, la canela, el extracto de vainilla y la sal. Ponga a hervir sobre fuego entre moderado y alto, baje la temperatura a fuego lento, tape la olla y cocine por unos 10 minutos.

Agregue el arroz a esta mezcla y ponga a hervir sobre fuego entre moderado y alto. Baje la temperatura a fuego lento, tape la olla y cocine por unos 20 minutos, hasta que el arroz absorba el líquido.

Mientras el arroz se está cociendo, mezcle la leche evaporada, el agua, el azúcar y las uvas pasas en una cazuela. Ponga a hervir sobre un fuego entre moderado y alto, revolviendo casi constantemente, retire la cazuela del fuego y tápela.

Cuando el arroz esté listo, agregue la leche con las uvas pasas, mezcle bien y siga cociendo, revolviendo de vez en cuando, hasta que el arroz absorba la leche. Deje que se enfríe y sirva al clima.

Plátanos maduros

Estas tajadas de plátano maduro también se llaman a veces simplemente maduros. Las tajadas se sirven como parte de una comida ya sea para el almuerzo o la cena.

4 plátanos bien maduros (la cáscara debe estar casi negra)*
4 cucharadas de aceite vegetal
4 cucharadas de mantequilla
Sal al gusto

Pele los plátanos y córtelos diagonalmente en tajadas de ½ pulgada de grueso. Caliente el aceite y la mantequilla en una sartén grande sobre fuego moderado. Ponga cuantas tajadas quepan en la sartén y fríalas por 3–4 minutos de cada lado hasta que queden doradas. Póngalas sobre toalla de papel, agregue sal al gusto y sirva.

*Notas: Vea el Capítulo 4 para instrucciones de cómo pelar el plátano.

Arroz con cerdo

El arroz con cerdo se sirve como plato fuerte para el almuerzo o la cena, a veces acompañado de una ensalada y tajadas de plátano maduro. Es fácil prepararlo en mayor cantidad para servir en una fiesta.

> 4–5 chuletas de cerdo gruesas, cortadas en cubos
> 2 cucharadas de aceite vegetal
> 1 cebolla grande picada
> 1 pimiento pequeño picado
> 4 dientes de ajo picados
> 2 tazas de arroz
> 4 tazas de caldo de pollo
> 1 paquete de arvejas congeladas
> ¼ taza de alcaparras
> 1 cucharada de pasta de tomate
> 1 cucharadita de sal
> ½ cucharadita de pimienta recién molida

Caliente el aceite en una olla grande sobre fuego moderado. Agregue los cubos de cerdo y fríalos, volteándolos varias veces, hasta que queden dorados, unos 10 minutos. Saque el cerdo y póngalo en un plato. Agregue la cebolla y el pimentón y fríalos, volteándolos varias veces, por unos 5 minutos. Agregue el ajo y siga cocinando por 2–3 minutos adicionales.

Devuelva el cerdo a la olla, agregue los demás ingredientes y mezcle bien. Ponga a hervir sobre fuego entre moderado y alto, tape la olla, baje la temperatura a fuego lento, y cocine por unos 20 minutos, hasta que el arroz absorba todo el líquido. Destape la olla y déjela sobre el fuego lento por unos 5 minutos más.

VOCABULARIO (Palabras derivadas del inglés)

Generalmente aceptadas
Bluyin—bluejeans
Elevador—elevator
Panel—panel

De uso popular o Spanglish
Breque—brake
Espray—spray
Parqueo—parking lot

PARA EMPEZAR A APRENDER

Estos son algunos ejemplos de tareas y proyectos que se pueden usar para que los alumnos aprendan más sobre Puerto Rico (vea el Apéndice A para otras tareas y proyectos):

1. Divida a los alumnos en tres grupos y asígnele a cada grupo una de las tres opiniones principales sobre el estatus de Puerto Rico—estado, estado libre asociado o independencia. Pídales que representen cada una de estas opiniones desde el punto de vista de sus proponentes, haciendo referencia a ellos y a los partidos políticos que representan cada opinión.

2. Pídales a los alumnos, en grupos o individualmente, que preparen informes sobre varios aspectos de la música salsa, incluso sus creadores, como Tito Puente, la influencia de otros tipos de música en la música salsa, y algunos de sus intérpretes actuales, como Willie Colón, El Gran Combo de Puerto Rico, Hector Lavoe, Gilberto Santa Rosa y La India. Si es apropiado,

traiga ejemplos de la música para escuchar en clase y pídales a los alumnos que saben bailarla que se lo demuestren a los demás.

3. Pídales a los alumnos, individualmente o en grupos, que investiguen y presenten informes sobre la cultura taína. Los informes pueden centrarse en sus orígenes, mitología, estructura social, métodos de agricultura y dieta.

MÁS OPORTUNIDADES PARA APRENDER

Los siguientes tópicos se pueden usar como temas para discusiones en clase o como tareas para proyectos de investigación que se pueden adaptar para varios cursos.

Geografía y Clima

- Vieques
- Observatorio de Arecibo
- El Yunque
- Los Huracanes Bertha y Hortense
- El Huracán Georges

Gobierno

- Similitudes y diferencias de estructuras gubernamentales entre el Estado Libre Asociado de Puerto Rico y los otros estados
- La historia y responsabilidades del comisionado residente

Historia

- Juan Ponce de León
- Las ruinas del asentamiento de Caparra
- Las fortificaciones de La Fortaleza y El Morro
- Los ataques de Francis Drake contra las colonias españolas en las Américas
- El Duque de Cumberland y la ocupación de San Juan
- Ramón Emeterio Betances
- Luis Muñoz Rivera
- Luis Muñoz Marín

Economía

- La Ley de Incentivos Industriales
- Operación Manos a la Obra
- La piña
- El café

Cultura

- Los desfiles del Día de Puerto Rico en Nueva York y Chicago
- La Fiesta de San Juan Bautista
- José de Diego
- Tito Puente

LECTURAS

Para más información y otras lecturas vea el Apéndice B.

Belpre, Pura. *Firefly Summer*. 1996. Cursos 5–7.
Una niña pasa las vacaciones de verano en la hacienda de su familia en Puerto Rico.

Mohr, Nicholasa. *Felita*. 1999. Cursos 4–7.
A una niña la atormentan en su nueva vecindad por ser puertorriqueña.

Mohr, Nicholasa. *Going Home*. 1999. Cursos 4–7.
Felita regresa a Puerto Rico a pasar el verano en un pequeño pueblo.

Ortiz Cofer, Judith. *Una isla como tú: Historias del barrio*. 1999. Cursos 7+.
Doce cuentos de adolescentes en un barrio puertorriqueño en New Jersey.

Polikoff, Barbara Garland. *Why Does the Coquí Sing?* 2004. Cursos 4–6.
La madre puertorriqueña de una niña de trece años y su padrastro deciden mudar a la familia de Chicago a Puerto Rico.

Santiago, Esmeralda. *Casi una mujer*. 1999. Cursos 10+.
La continuación de *Cuando era puertorriqueña*.

Santiago, Esmeralda. *Cuando era puertorriqueña*. 1994. Cursos 10+.
La historia autobiográfica de la niñez de una niña en Puerto Rico y su juventud en New York City.

RECURSOS EN LA INTERNET

Vea el Apéndice C para otros recursos generales.

www.icp.gobierno.pr	Página del Instituto de Cultura Puertorriqueña
www.elboricua.com	Página bilingüe con información general sobre Puerto Rico
www.endi.com	Página de *El Nuevo Día,* uno de los principales periódicos de Puerto Rico
www.cia.gov/cia/publications/factbook/geos/rq.html	World Factbook, el libro mundial de datos de la CIA—Puerto Rico
www.lanic.utexas.edu/la/cb/other/pr	Página sobre Puerto Rico del Latin American Network Information Center de la University of Texas
www.naic.edu	Página del Observatorio de Arecibo
www.loc.gov/rr/international/portals.html	Página de la Library of Congress con información sobre países
www.countryreports.org	Información general sobre Puerto Rico
www.gksoft.com/govt/en/world.html	Contiene enlaces a sitios oficiales de Puerto Rico en la Internet

Chapter 4A

Dominican Republic

GENERAL INFORMATION

The Dominican Republic takes up the eastern two-thirds of the island of Hispaniola. It is bordered on the west by Haiti, which occupies the other third of the island; on the east by the Mona Passage, which separates it from Puerto Rico; on the north by the Atlantic Ocean; and on the south by the Caribbean Sea. Hispaniola is the second largest island, after Cuba, in the long chain of islands called the West Indies, or the Antilles. Hispaniola was the name given to the island by Columbus. The Indians called it Quisqueya, which means something like "mother of the lands." It lies 575 miles (925 kilometers) southeast of Miami.

About twice the size of the state of Vermont, the Dominican Republic covers 18,816 square miles (48,734 square kilometers).

National symbols are the flag, which dates from 1838 and was designed by Juan Pablo Duarte, and the coat of arms. The upper quarters are blue and red, and the lower ones are red and blue. The coat of arms is in the center of the white cross that divides the flag into quarters. Symbols taken from nature are the *cotica* (coh-**tee**-cah) parrot and the mahogany tree.

The official currency is the peso.

According to the 2000 U.S. Census there are approximately 765,000 people of Dominican descent in the United States.

Geography and Climate

The Dominican Republic may be divided into two large geographic areas—the western part of the country and the eastern part of the country. The mountainous west contains two large mountain ranges. The Cordillera Central runs from the northwest to the southeast in the center of the region, and the Cordillera Septentrional runs east to west along the north of the island. There are two smaller mountain ranges in the southwest, the Sierra de Neiba and the Sierra de Bahoruco. The highest and the lowest points in the

West Indies are found in this region. The highest, Pico Duarte in the Cordillera Central, reaches 10,417 feet (3,175 meters). The lowest, Lake Enriquillo, located between the Sierra de Neiba and the Sierra de Bahoruco, near the border with Haiti, measures 150 feet (46 meters) below sea level. Between the Cordillera Central and the Cordillera Septentrional lies the Cibao, which contains a very fertile agricultural area.

In contrast, the eastern part of the country features rolling grasslands, home to cattle ranching, and flat plains, where much of the sugarcane is grown and refined. In addition, some of the country's best beaches border on the eastern part of the island.

The climate varies little throughout the year. It is warm and fairly humid most of the time, with temperatures reaching 90°F (32°C) in the summer months. Sometimes frost occurs in the higher elevations of the Cordillera Central. In the northern part of the island the rainy season normally lasts from December to April, while in the south it rains from May to November. Average annual rainfall is about 60 inches (150 centimeters).

Hurricanes heavily impact the Dominican Republic. In 1930 a hurricane destroyed much of the capital, Santo Domingo. In 1979 Hurricane David killed more than 2,000 people and destroyed many buildings. In 1998 Hurricane Georges also caused extensive damage to buildings and crops and left more than 200 people dead and 100,000 homeless.

The largest rivers in the country start in the Cordillera Central. The Yaque del Norte flows into the North Atlantic Ocean near the border with Haiti. The Yaque del Sur flows into the Caribbean Sea between the Sierra de Neiba and the Sierra de Bahoruco.

Population

The population of the Dominican Republic is approximately 7.3 million. Three-quarters of the population is of mixed Spanish, African, and, to a lesser extent, Indian ancestry. About 15 percent is white and about 10 percent is black.

Approximately two-thirds of the population live in urban areas. More than 2 million people live in the capital, Santo Domingo. Most of the rest of the urban population lives in the cities of Santiago, La Vega, San Francisco de Macorís, San Pedro de Macorís, and La Romana. Some of the people in rural areas own small farms, but most work on large farms and plantations.

Government

The Dominican Republic is a republic, like the United States. Its official name is República Dominicana. The constitution, which dates from 1966, establishes three branches of government—the executive, the legislative, and the judicial. The president is elected for a four-year term and may be re-elected. The Congress has two houses and all of its members are elected for four-year terms. The Senate has 30 members and the Chamber of Deputies has 150 members. The Supreme Court of Justice has 16 members who are appointed by a council made up of members from the executive and the legislature. The Supreme Court appoints the judges in the appeals courts and other courts.

The country is divided into 29 provinces and a National District where the capital, Santo Domingo, is located. The president appoints the governors of the provinces.

The three major political parties are the Partido Revolucionario Dominicano (PRD), the Partido de Liberación Dominicana (PLD), and the Partido Reformista Social Cristiano (PRSC). All three parties have governed the Dominican Republic, but Joaquín Balaguer of the PRSC served longer than any other elected president, almost 30 years, though not consecutively.

History

Before the arrival of the Spanish the Taíno Indians inhabited the island. The Taínos belong to the Arawak Indian culture, which inhabited parts of northern South America. They settled on several of the islands of the West Indies, including Hispaniola, Cuba, and Puerto Rico. On Hispaniola they were organized into five *cacicazgos* (cah-cee-**cahs**-gohs) or kingdoms, each ruled by a *cacique* (cah-cee-queh). They were a peaceful people, often under attack from the Caribs, another Indian tribe from South America, before the Spanish arrived. Their language contributed many words to Spanish and eventually to English as well, including hammock, from *hamaca* (ah-**mah**-cah); manatee, from *manatí* (mah-nah-**tee**); hurricane, from *huracán* (oo-rah-**cahn**); and tobacco, from *tabaco* (tah-**bah**-coh).

Christopher Columbus arrived on the northern coast of the island on his first trip of discovery, on December 6, 1492. Spanish settlers began arriving the following year. Before long they had conquered the Indians, many of whom either were killed or died of disease. By the beginning of the sixteenth century Spain had started importing slaves from Africa to work in the mines and plantations. In 1496 Columbus's brother, Bartholomew, founded the city of Santo Domingo, which he initially named La Nueva Isabela. Santo Domingo became the first permanent settlement in the New World to have a university (1538) and a cathedral (1540). Eventually the entire colony was called Santo Domingo.

Columbus became the first governor of the island. In 1509 his son Diego was appointed governor, but two years later, in 1511, Spain established a form of government called the Audiencia. Under this new government, the island served as the base for the Spanish conquest of the New World. By 1524 the Real Audiencia of Santo Domingo exercised control over all the Spanish colonies in the Caribbean, Mexico, Central America, and northern South America.

As these other places quickly became more important sources of wealth for Spain, Santo Domingo's value diminished. This allowed people from other European countries, including France, to establish trade with the settlers and eventually to settle in some of the lands abandoned by the Spanish. Conflicts between settlements arose. To end the wars between Spanish and French settlers, Spain signed the Treaty of Ryswick with France in 1697. This treaty gave to France the western part of the island, which was given the name Haiti.

Almost a century later, in 1791, Toussaint L'Overture led a rebellion of slaves against the French. During this rebellion Spain ceded the rest of the island to France under the Treaty of Basilea in 1795. By 1801 the slaves had gained control of the entire island. Spain regained control of its colony in 1809, but in 1821 the settlers declared their independence from Spain. Fighting soon broke out with Haiti, and Haiti gained control of the entire island for the second time in 1822.

Resentment built against Haiti, and Juan Pablo Duarte, Ramón Mella, and other Dominicans led a rebellion against Haitian rule. On February 27, 1844, they declared their independence from Haiti. Duarte became known as the father of his country. Despite the establishment of a constitution, a long period of unrest followed, including repeated dictatorships. In 1861, with the help of some Dominicans, Spain annexed the Dominican Republic and governed it until 1865. On August 16, 1863, Gregorio Luperón led the Dominicans to launch the War of Restoration. This war, plus the influence exerted by the United States under the Monroe Doctrine, led Spain to withdraw in 1865.

Between 1865 and 1882 conflict grew between the conservatives in the south, who had formed the Red Party, and the liberals from the Cibao region, who had formed the National Liberal Party, or the Blue Party. In 1882 the dictator Ulises Heureaux came to power and ruled intermittently until his assassination in 1899.

At the turn of the century, the United States became more interested in the stability of the region, partly because of its plans for the Panama Canal. The United States took control of the collection of customs duties to pay for the heavy international debt left by the government of Heureaux. In addition, between 1916 and 1924 the U.S. Marines took control of the country to prevent violence between various political factions.

In 1930 General Rafael Leonidas Trujillo, commander of the National Guard, led a military coup d'état. (Coup d'état is a French term that is commonly used in English. It literally means "blow, or strike of state" and refers to a military takeover of a civilian government.) Trujillo and his regime ruled the Dominican Republic until 1961, when he was assassinated. During this time the capital was renamed Ciudad Trujillo. Juan Bosch of the Partido Revolucionario Dominicano (PRD) was elected president in 1962 but was accused of having communist tendencies, and he was overthrown by the military in 1963. The military governed by means of a *junta* (**hoon**-tah), or council. In 1965, the people revolted against the military government, and U.S. President Lyndon Johnson sent troops in April of that year to restore order. Other countries of the Organization of American States (OAS) also sent troops.

In 1966 Joaquín Balaguer of the PRSC, who had been an aide to Trujillo, defeated Juan Bosch in the presidential elections. Balaguer became the dominant figure in Dominican politics. He was reelected five more times, though not consecutively. Due to constitutional reforms he only served two years after he was reelected in 1994.

Since then political power has alternated between the PLD and the PRD. In 1996 Leonel Fernández of the PLD won a new election. In 2000 Hipólito Mejía of the PRD was elected president. Leonel Fernández won the 2004 elections and was inaugurated president in August.

Economy

The Dominican Republic operates on an agricultural economy. It is one of the top sugar producers in the world. Other key exports include coffee, cocoa, tobacco, and rice. The mining industry produces gold and ferronickel. The tourist industry provides another important source of revenue. More recently foreign companies have established assembly plants for various products in several duty-free zones set up by the government.

Although the economy has been growing rapidly, many people still live in poverty. In recent years the rate of inflation has risen significantly, which has hurt the small middle class as well. Unemployment and underemployment continue to be significant problems.

Culture

Dominicans are a very friendly people who will gladly open their homes to anyone. They enjoy life and are very respectful of older people. As is true of most Latin cultures, unannounced visits are common. The family plays a significant role in the life of a Dominican.

Baseball, or *béisbol* as it is known in the Dominican Republic, was introduced to the country from Cuba in the nineteenth century. Attendance at games is high, and spectators are enthusiastic and expressive. Currently six professional teams play in the Dominican Republic: Tigres del Licey y Leones del Escogido in Santo Domingo, Águilas in Santiago, Estrellas Orientales in San Pedro de Macorís, Azucareros del Este in La Romana, and Pollos Nacionales in San Fernando de Macorís. Because there are many Dominican players in the Major Leagues in the United States, Dominicans also follow the baseball season in the United States closely. More Latino players in the Major Leagues come from the Dominican Republic than from anywhere else. And many of those have come from the town of San Pedro de Macorís, including Sammy Sosa, Alfonso Soriano, Fernando Tatis, and Luis Castillo. Several Dominican players have won the Most Valuable Player Award, including Sammy Sosa in1998 in the National League and Miguel Tejada in 2002 and Vladimir Guerrero in 2004 in the American League. In 2004 four of the five finalists for the American League MVP award were Dominicans—Manny Ramírez, David Ortiz, Miguel Tejada, and Vladimir Guerrero.

The United Nations Educational, Scientific and Cultural Organization (UNESCO) maintains a registry of cultural sites, events, and traditions from around the world. The registry includes a list of tangible places, called the UN World Heritage List, and a list of intangible events and traditions, called the List of the Intangible Heritage of Humanity. For the Dominican Republic the registry includes the Colonial City of Santo Domingo and the Cultural Space of the Brotherhood of the Holy Spirit of the Congos of Villa Mella.

In 1992 the government completed the construction of the Columbus Lighthouse in Santo Domingo to commemorate the 500th anniversary of the discovery of America. The building, in the shape of a cross, contains several museums. Its powerful light beams, also in the shape of a cross, can be seen for miles. Although the remains of Columbus are also supposed to be there, the Spanish claim that his remains are buried in the Spanish city of Sevilla.

Feasts and Festivals

The three most important national holidays in the Dominican Republic are Independence Day on February 27, Restoration of Independence on August 16, and the Birthday of Juan Pablo Duarte on January 26. In New York City, where most of the Dominicans in the United States live, there are many celebrations of Independence Day. The governor of New York State declared February Dominican Heritage Month in 2004. Another important national holiday is Columbus Day on October 12.

The predominantly Catholic country observes several important religious feasts besides Christmas and Easter. There are two feasts in honor of the Virgin Mary—Nuestra Señora de la Alta Gracia, Our Lady of High Grace (who is the patroness of the Dominican Republic), on January 21, and Nuestra Señora de las Mercedes, Our Lady of Mercy, on September 24. In the basilica of Higüey there is a portrait of Nuestra Senora de la Alta Gracia, which was brought from Spain early in the sixteenth century. On January 21 there are pilgrimages to the basilica and many Dominicans living in the United States return to the island to participate in these festivities. Although children have traditionally received their gifts from "el Niño Jesús" on Christmas, Santa Claus is becoming more popular. But as in many other Hispanic countries, some families also celebrate the Day of the Magi (el Día de los Reyes Magos) on January 6; children also get presents on this day.

In many parts of the country, the people also celebrate carnival, with parades that include fancy costumes and masks. Carnival celebrations start in February with parades on most weekends and continue until the start of Lent on Ash Wednesday. Costumes are often decorated with bells and small mirrors. One of the more popular costumes is that of the *diablo cojuelo* (**deeah**-bloh coh-**hooeh**-loh), or lame devil. Children, for whom he gets candies from merchants, usually follow him around. The city of Santiago is famous for its masks, many of which are different depictions of the devil, some with smooth horns and others with horns that have spikes.

Food

Dominicans eat rice, plantains, and beans. Seafood, beef, and goat are also an important part of the Dominican diet. The national dish, *Sancocho* (sahn-**coh**-choh), is a stew made with several types of meat that may include goat, beef, pork, and chicken, as well as plantains, *yuca* (**yoo**-cah), and squash. Another popular dish, *mondongo* (mohn-**dohn**-goh), is made from pork tripe (intestines). *Empanadas*, (ehm-pah-**nah**-thahs), of which there are many versions across Latin America, are also popular. They are made from a pastry shell that can be stuffed with various types of meat and then fried. Plantains, both green and ripe, are prepared in many different ways. Rice is also prepared many different ways, either by itself or mixed with various types of beans, seafood, or meat. A dish made with a combination of rice and meat or seafood is called a *locrio* (**loh**-creeoh). Dominicans call any dish made with rice and peas or beans a *moro* (**moh**-roh). *Moro de habas* (**moh**-roh deh **ah**-bahs), rice with peas, and *moro de gandules* (**moh**-roh deh gahn-**doo**-lehs), rice with pigeon peas, are two examples. The rice that sticks to the bottom of the pot and turns golden and crispy is called *concón* (cohn-**cohn**), and it is sometimes served separately. Beans, which in the Dominican Republic are called *habichuelas* (ah-bee-**chooeh**-lahs) rather than *frijoles* (free-**hoh**-les), are used in many dishes as well. *Habichuelas con dulce* (**dool**-ceh) is a traditional dessert normally served at Easter that is made from kidney beans, coconut milk, sweet potatoes, and other ingredients. Another favorite Dominican dessert is *tres leches* (trehs **leh**-chehs), a very sweet cake made with condensed milk, evaporated milk, and whole milk, hence its name, which means three milks. Several other Hispanic countries claim to be the originators of this dessert. For Christmas Dominicans often prepare *pasteles* (pahs-**teh**-lehs), made from mashed plantain dough that is stuffed with ground beef and wrapped in plantain leaves. Stuffed cabbage, called *niño envuelto* (**ni**-nyo ehn-**vooel**-toh), which means wrapped up baby, is another Christmas favorite.

Music

One of the most popular forms of dance music known internationally, the *merengue* (meh-**rehn**-geh), comes from the Dominican Republic. Merengue music can be heard everywhere in the Dominican Republic. An annual merengue festival takes place in July. Three instruments are used to play the merengue—the accordion, the drum, and the *guayano* (gwah-**yah**-noh) or *güira* (**gwee**-rah), a metal cylindrical instrument like a grater that is played with a scraper. Another form of popular music, the *bachata* (bah-**chah**-tah), is played with the same instruments as the merengue but also includes horns and multiple drums.

Arts and Letters

Several Dominican poets are recognized internationally, including Pedro Mir, Manuel del Cabral, and Salomé Ureña de Henríquez. Juan Bosch, who was elected president in 1962, is also an important author. Julia Álvarez, a contemporary poet and novelist, writes a lot about the "Dom-Yorks," as the Dominicans who live in New York are called.

Works by two important Dominican painters, Enriquillo Rodríguez Amiama and Ramón Oviedo, have been exhibited in Latin America, the United States, and Europe.

RECIPES

Plantain

Plantain (*Musa paradisiaca*) is a relative of the common banana and is grown in most tropical regions. The plant grows to the size of a small tree, although it is not really a tree since the trunk is actually made up of the tightly wrapped and overlapping basal leaves. The plant produces a stalk that hangs down from the crown and is covered with clusters of flowers. A cluster of flowers will produce a cluster of fruit, which is commonly called a hand.

Unlike bananas, plantains cannot be eaten raw. Because they contain a large amount of starch they can be used to make flour. They have a high food value, similar to potatoes, and are a good source of potassium, fiber, and vitamins A and C. Plantains can be used when they are green, when they are just slightly ripe and their skins have started to turn yellow, and when they are very ripe and their skins are mostly black. As they ripen they become sweeter.

In the Dominican Republic the plantain is used in many different ways. *Tostones* (tohs-**toh**-nehs) are flattened fried slices of green plantain, *mangú* (mahn-**goo**) is made from boiled plantains that are mashed and then fried with onions, and *mofongo* (moh-**fohn**-goh) is made from fried green plantains that are mashed together with garlic and pork cracklings. Some Dominicans like to eat *mangú* for breakfast with scrambled eggs. Ripe plantains are sweet and are usually sliced and fried, although they can also be baked or cooked in soup. *Plátanos al caldero* (**plah**-tah-nohs al cahl-**deh**-roh) are ripe plantains cooked with cloves and cinnamon until they are caramelized.

To peel a plantain first cut off both ends. Then cut lengthwise through the skin on two opposite sides and around the middle just down to the flesh with the tip of a knife. Use your fingers or the tip of the knife to pry the skin loose, then finish peeling using your thumbs and fingers. Green plantains are harder to peel than ripe ones.

Tostones

(Fried Green Plantains)

Tostones are made from thick slices of green plantains that are partially flattened and fried. They can be served as a snack or appetizer but are most often served as a side dish for lunch or dinner.

4 cloves garlic, peeled and mashed*
1 teaspoon salt
2 cups water
2 green plantains, peeled and cut into slices about ¾-inch thick
vegetable oil
salt to taste

Mix mashed garlic, salt, and water in a bowl and set aside.

Put about 1 inch of vegetable oil in a large skillet and heat over medium heat. When the oil is hot, put as many of the plantain slices as will fit into the skillet and cook for about 3 minutes on each side. Remove the slices and put on paper towel. Using a heavy glass or cup, flatten the slices until they are about half as thick as they were.

Dip each slice in the water with garlic and salt and let excess water drip off. Put back in the hot oil and cook for an additional 2–3 minutes on each side until golden brown. Put slices on paper towel and salt to taste.

***Notes:** If you like, you can omit dipping the slices in the garlic water.

Mofongo

(Mashed Green Plantains with Pork Cracklings)

Mofongo is often served as a single course for lunch.

4 green plantains, peeled and cut into slices about ½ inch thick*
2 teaspoons salt
3 cups water
vegetable oil
1 pound pork cracklings*
8–10 cloves of garlic, mashed
1 can beef broth

Mix salt and water in a bowl and soak the plantain slices for about 5 minutes. Drain the plantain slices and pat dry with paper towel. Heat about 1 inch of vegetable oil in a large skillet over medium heat. Put as many plantain slices as will fit into the skillet and fry for about 3–4 minutes on each side until golden brown. Remove the slices and put on paper towel.

While the plantains are frying, heat the beef stock over low heat in a small saucepan.

Put the fried plantain slices, the pork cracklings, and the mashed garlic in a large bowl. Using a pestle or a heavy spoon, mash the plantains, cracklings, and garlic together. Put the mixture into six individual bowls, spoon some of the beef stock over each one, and serve.

*Notes: If you like, you can omit soaking the plantains in salted water. Pork cracklings are made from the skin, a layer of fat, and part of the meat of the pig. Preparing pork cracklings is time-consuming and it may be difficult to find the raw pork needed. Some Hispanic markets sell freshly made pork cracklings by the pound, which can then be reheated in a microwave oven. Another option is to buy one or two bags of prepared pork cracklings, called *chicharrones* (chee-chah-**rohn**-ehs), which can also be found in Hispanic markets and are packaged like potato chips. A third option is to use one pound of thick-sliced bacon, cut into ½-inch strips and fried until very crisp. In the Dominican Republic this dish is usually served in a wooden mortar.

Moro de gandules (**moh**-roh deh gahn-**doo**-lehs)

(Rice with Pigeon Peas)

This dish is usually served as part of a meal that may include meat or fish as well as a vegetable or fried ripe plantains.

1 large onion, chopped
1 small green bell pepper, chopped
3 cloves of garlic, chopped
1 large tomato, chopped
3 tablespoons olive oil
2 cups white rice
1 pound frozen pigeon peas, thawed, or 1 16-oz. can of pigeon peas, drained*
4 cups water
1 teaspoon salt
½ teaspoon fresh ground pepper

Put the oil in a large pot over medium heat. Add the onion, bell pepper, garlic, and tomato and cook, stirring occasionally, for about 5 minutes.

Add the remaining ingredients, mix well, and bring to a boil over medium high heat. Reduce the temperature to low, cover the pot, and cook for about 20 minutes, until all the liquid has been absorbed. Stir lightly and let stand over low heat uncovered for another 5 minutes.

*Notes: Frozen pigeon peas can be found in Hispanic markets. Canned pigeon peas are available in most supermarkets. Pigeon peas belong to the same family (*Fabaceae*) as other types of peas but to a different genus (*Cajunus*). The pods are larger, and the peas have a nutty flavor.

Frituras de ñame (free-too-rahs de nyah-meh)

(Fried Yam Patties)

These yam patties are normally served as a side dish for lunch or dinner to accompany a fish or meat dish, but they can also be served as a snack.

1 pound fresh ñame, peeled and grated*
2 tablespoons onion, finely grated
2 tablespoon parsley, finely chopped
2 tablespoons butter, softened
1 teaspoon salt
fresh ground pepper to taste
2 egg yolks
vegetable oil

Mix together the grated yams, onion, parsley, butter, salt, and pepper. Add the egg yolks and continue to mix until the egg yolks are completely incorporated.

Put about ½ inch of vegetable oil in a large skillet and heat the oil over moderate heat. When the oil is hot use a tablespoon to drop the mixture into the oil, 4 or 5 tablespoons at a time. The mixture will spread as it cooks. Cook for about 3–4 minutes on each side, until golden brown. Drain on paper towels and serve.

*Notes: Ñame can be peeled just like a yam, with a knife or a potato peeler. Ñame is a tuber whose name in Spanish comes from its African name, "nyami." The same word has been adapted to "yam" in English. It belongs to the same family, *Dioscoreacea*, as the yam that is grown in the United States, but the two plants belong to different species. Yams should also not be confused with sweet potatoes, which belong to the *Convolvulaceae* family. There are many varieties of ñame, ranging in color from white to orange and purple. They can be found in most Hispanic markets.

VOCABULARY (Words Derived from Spanish)

Avocado—from aguacate

Buckaroo—from vaquero, cowherd

Cockroach—from cucaracha, roach

Guerrilla—from guerrilla, a small war

Hurricane—from huracán

Tobacco—from tabaco

LEARNING LAUNCH

Following are some examples of assignments and projects that may be used to help students learn more about the Dominican Republic (see Appendix A for additional assignments).

1. Give the students some background information on when and how baseball came to the Dominican Republic. Then ask them, individually or in groups, to report in class on the six national teams mentioned in this chapter. Reports should include such details as the origins and history of the teams, the names of the best players and where they are from, the names and stories of any players who have moved to the Major Leagues in the United States, the team colors, and how the teams performed during the last season.

2. Ask the students, individually or in groups, to report on various aspects of the celebration of carnival in the Dominican Republic. Their reports should include information about the origins of carnival, the activities that make up the celebration, the names and descriptions of the masks and costumes of the characters that take part in the parades, the food that is served during carnival, and the music that is part of the festivities.

3. Divide the students into four groups and ask each group to report on one of the four voyages that Columbus made to America. Reports could focus on the duration of the voyages, the number and type of ships used in each one, their points of departure and their destinations, and the challenges and highlights of each one.

MORE LEARNING OPPORTUNITIES

The following topics may be used as subjects for class discussion or as assignments for research projects that can be tailored to particular grade levels.

Geography and Climate

- The West Indies
- Hurricanes
- Hurricane David and Hurricane Georges
- The Cibao region

Government

- Similarities and differences between the government structures of the Dominican Republic and the United States
- Profiles of the PRD, PLD, and PRSC
- The structure and power of the Royal Audiencia of Santo Domingo
- The culture of the *caudillo* (caoo-**thee**-yoh)
- The Trujillo dictatorship—its imposition, structure, and defeat

History

- The roles of Columbus and his family in the early history of the Dominican Republic
- The Taíno Indian culture
- The conflicts with Haiti
- Juan Pablo Duarte
- The Monroe Doctrine
- The U.S. military interventions in 1916 and 1965
- Joaquín Balaguer
- Organization of American States (OAS)

Economy

- Sugarcane and the process for making sugar
- The structure and role of duty-free zones
- Cocoa
- Ferronickel

Culture

- The Columbus Lighthouse
- Merengue

READING LIST

See Appendix B for additional information and readings.

Alvarez, Julia. *Before We Were Free.* **2002. Grades 6–10.**
A young girl's life in the Dominican Republic of the 1960s.

Joseph, Lynn. *The Color of My Words.* **2000. Grades 5–8.**
The story of a young girl who wants to be a writer and her older brother, and the government's decision to take over the land where their village is located.

INTERNET RESOURCES

See Appendix C for a list of additional general resources.

www.presidencia.gov.do	Official site of the presidency
www.bancentral.gov.do	Web site of the central bank
www.cig.gov.do	Official government information center
www.diariolibre.com	Web site of *El Diario Libre,* a leading newspaper
www.domrep.org	Web site of the Embassy of the Dominican Republic
www.cia.gov/cia/publications/factbook/geos/dr.html	The CIA's World Factbook—Dominican Republic
www.lanic.utexas.edu/la/cb/dr	Dominican Republic page of the Web site of the Latin American Network Information Center at the University of Texas
www.dominicancooking.com	Dominican recipes and ingredients
www.dominicanrepublic.com	News and general information about the Dominican Republic in various languages
www.loc.gov/rr/international/portals.html	The Library of Congress country information
www.countryreports.org	General information about the Dominican Republic
www.gksoft.com/govt/en/world.html	Contains links to many official sites about the Dominican Republic

Capítulo 4B

República Dominicana

INFORMACIÓN GENERAL

La República Dominicana ocupa las dos terceras partes orientales de la isla La Española. Tiene fronteras al oeste con Haití, que ocupa la otra tercera parte de la isla, al este con el Canal de Mona, el cual la separa de Puerto Rico, al norte con el Océano Atlántico y al sur con el Mar Caribe. La Española es la segunda isla más grande, después de Cuba, en la cadena de islas llamada las Indias Occidentales, o las Antillas. La Española es el nombre que le dio Colón a la isla. Los indios la llamaban Quisqueya, que quiere decir algo como "la madre de las tierras." La isla queda a 575 millas (925 kilómetros) al sudeste de Miami.

La República Dominicana tiene una superficie de 18.816 millas cuadradas (48.734 kilómetros cuadrados), más o menos el doble del tamaño del estado de Vermont.

Los símbolos nacionales son la bandera, que data de 1838 y fue diseñada por Juan Pablo Duarte, y el escudo. La bandera tiene una cruz blanca que la divide en cuatro cuartos. Los dos de la parte superior son rojo y azul, y los dos de la parte inferior son azul y rojo. El escudo está en el centro. Símbolos que vienen de la naturaleza son el loro cotica y la caoba.

La moneda oficial es el peso.

Según el censo del 2000 hay aproximadamente 765.000 personas de descendencia dominicana en Estados Unidos.

Geografía y Clima

El país puede dividirse en dos grandes regiones geográficas—la parte occidental del país y la parte oriental. La parte occidental es muy montañosa, con dos cordilleras. La Cordillera Central va del noroeste hacia el sudeste en el centro de la región. La Cordillera Septentrional va del este al oeste a lo largo del norte de la isla. En el suroeste hay dos cordilleras más pequeñas, La Sierra de Neiba y la Sierra de Bahoruco. El sitio más alto y el más bajo de las Antillas se encuentran en esta región. El más alto es el Pico Duarte en la Cordillera Central, con una elevación de 10.417 pies (3.175 metros). El más bajo es el Lago Enriquillo, entre la Sierra de Neiba y la Sierra de Bahoruco, cerca de la frontera con Haití, que queda a 150 pies (46 metros) bajo el nivel del mar. Entre la Cordillera Central y la Cordillera Septentrional queda una región llamada el Cibao, dentro de la cual se encuentra un área agrícola muy fértil.

Como contraste, la parte oriental consiste de llanos donde domina la ganadería y planicies donde se cultiva gran parte de la producción de caña de azúcar. Algunas de las mejores playas del país se encuentran en la parte oriental del país.

Durante el año hay poca variación en el clima. El clima es caluroso y bastante húmedo durante casi todo el año, con temperaturas que llegan hasta los 90°F (32°C) en los meses de verano. A veces hay heladas en las partes más elevadas de la Cordillera Central. En el norte de la isla la temporada de lluvia normalmente dura de diciembre hasta abril, mientras que en el sur llueve desde mayo hasta noviembre. El promedio anual de lluvia es de 60 pulgadas (150 centímetros). La temporada de huracanes puede tener un gran impacto sobre la República Dominicana. En 1930 un huracán destruyó gran parte de Santo Domingo. En 1979 el huracán David causó la muerte de más de 2.000 personas y destruyó muchos edificios. En 1998 el huracán Georges también causó daños extensos a edificios y cosechas y dejó más de 200 muertos y más de 100.000 personas sin hogar.

Los ríos más grandes del país empiezan en la Cordillera Central. El Río Yaque del Norte desemboca en el Océano Atlántico cerca de la frontera con Haití. El Río Yaque del Sur desemboca en el Mar Caribe entre la Sierrra de Neiba y la Sierra de Bahoruco.

Población

La población de la República Dominicana es de aproximadamente 7,2 millones de habitantes. Tres cuartas partes de la población son de descendencia mixta española, africana y, en menor grado, indígena. Un 15 por ciento de la población es blanca y un 10 por ciento es negra.

Más o menos dos terceras partes de la población viven en áreas urbanas. Más de 2 millones viven en Santo Domingo, la capital. La mayor parte del resto de la población urbana vive en las ciudades de Santiago, La Vega, San Francisco de Macorís, San Pedro de Macorís y La Romana. Entre la población rural algunos son dueños de pequeñas fincas, pero la mayoría trabaja en las grandes fincas y haciendas.

Gobierno

La República Dominicana es una república, como Estados Unidos. Su nombre oficial es República Dominicana. La constitución, que data de 1966, establece tres poderes de gobierno—el Ejecutivo, el Legislativo, y el Judicial. El presidente es elegido por un período de cuatro años y puede ser reelegido. El Congreso tiene dos cámaras y todos sus miembros son elegidos por períodos de cuatro años. El Senado tiene 30 miembros y la Cámara de Diputados tiene 150 miembros. La Corte Suprema de Justicia tiene 16 miembros que son nombrados por un consejo compuesto por miembros del Ejecutivo y del Congreso. La Corte Suprema nombra los jueces de las cortes de apelación y de otras cortes.

El país está dividido en 29 provincias y el Distrito Nacional, donde se encuentra la capital de Santo Domingo. El presidente nombra los gobernadores de las provincias.

Hay tres partidos políticos principales. Ellos son el Partido Revolucionario Dominicano (PRD), el Partido de Liberación Dominicana (PLD) y el Partido Reformista Social Cristiano (PRSC.) Los tres han gobernado la República Dominicana, pero Joaquín Balaguer, del PRSC, ejerció la presidencia por más tiempo que cualquier otro presidente electo, casi treinta años, aunque no consecutivos.

Historia

Antes de la llegada de los españoles los taínos habitaban la isla. Los taínos pertenecen a la cultura de los indios arahuacos, o arawakos, quienes habitaban partes del norte de Suramérica. Ellos se asentaron en varias de las islas antillanas, incluso La Española, Cuba y Puerto Rico. En La Española estaban organizados en cinco cacicazgos, cada uno gobernado por un cacique. Eran un pueblo apacible que los caribes, otra tribu indígena de Suramérica, ya habían atacado muchas veces antes de la llegada de los españoles. Su idioma ha contribuido muchas palabras al español, y de ahí al inglés. Entre ellas están hamaca y *hammock*, manatí y *manatee*, huracán y *hurricane*, y tabaco y *tobacco*.

Cristóbal Colón llegó a la costa norte de la isla en su primer viaje de descubrimiento el 6 de diciembre de 1492. Colonos españoles empezaron a llegar el año siguiente. Después de poco tiempo habían conquistado a los indígenas. Los españoles mataron a muchos de ellos, y muchos otros murieron de enfermedades. Para principios del siglo dieciséis España había empezado a traer esclavos del África para trabajar en las minas y las haciendas. En 1496 Bartolomé, el hermano de Colón, fundó la ciudad de Santo Domingo, a la cual inicialmente le puso el nombre de La Nueva Isabela. Santo Domingo fue el primer asentamiento permanente del Nuevo Mundo en tener la primera universidad (1538) y la primera catedral (1540.) Con el tiempo Santo Domingo llegó a ser el nombre de toda la colonia de La Española.

Colón fue el primer gobernador de la isla. En 1509 su hijo Diego fue nombrado gobernador, pero dos años después, en 1511, España estableció una forma de gobierno llamada Audiencia. Bajo este gobierno la isla se convirtió en la base para la conquista española del Nuevo Mundo. Para 1524 la Real Audiencia de Santo Domingo controlaba todas las colonias españolas en el Caribe, México, Centroamérica y el norte de Suramérica.

Después de poco tiempo estas otras colonias se convirtieron en fuentes de riqueza más importantes para España, y Santo Domingo dejó de ser de gran valor. Esto les permitió a otros europeos, entre ellos los franceses, establecer comercio con los colonos españoles y con el tiempo establecerse en algunas de las tierras que los españoles habían abandonado. Para poner fin a las guerras entre los colonos españoles y franceses España firmó el Tratado de Ryswick con Francia en 1697. Este tratado le cedió a Francia la parte occidental de la isla, a la cual se le dio el nombre de Haití.

Casi un siglo más tarde, en 1791, Toussaint L'Overture lideró una rebelión de esclavos contra los franceses. Durante esta rebelión España le cedió a Francia el resto de la isla bajo el Tratado de Basilea en 1795. Para 1801 los esclavos habían conquistado la isla entera. España recobró el control de su colonia en 1809, pero en 1821 los colonos declararon su independencia. A poco tiempo empezaron nuevos combates con Haití, y Haití volvió a controlar toda la isla en 1822.

Después de poco tiempo empezó a aumentar el resentimiento contra Haití, y Juan Pablo Duarte, Ramón Mella y otros dominicanos encabezaron una rebelión contra Haití. Declararon su independencia el 27 de febrero de 1844. Así Duarte llegó a conocerse como el Padre de la Patria. A pesar de que establecieron una constitución, hubo un largo tiempo de agitación social y repetidas dictaduras. En 1861, con la ayuda de algunos dominicanos, España anexó la República Dominicana y gobernó hasta 1865. El 16 de agosto de 1863 Gregorio Luperón encabezó el lanzamiento de la Guerra de la Restauración. Esta guerra, más la influencia de Estados Unidos con su Doctrina de Monroe, causaron que España se retirara en 1865.

Entre 1865 y 1882 recrudeció el conflicto entre los conservadores en el sur, quienes habían formado el Partido Rojo, y los liberales de la región del Cibao, quienes habían formado el Partido Liberal Nacional, o Partido Azul. En 1882 el dictador Ulises Heureaux llegó al poder y gobernó intermitentemente hasta su asesinato en 1899.

Al comenzar el siglo veinte Estados Unidos se interesó más por la estabilidad de la región en parte debido a sus planes para el Canal de Panamá. Estados Unidos tomó el manejo de la recolección de impuestos de aduana para pagar la deuda internacional que había dejado el gobierno de Heureaux. Además, entre 1916 y 1924 la infantería de marina de Estados Unidos ocupó el país para prevenir la violencia entre varias facciones políticas.

En 1930 el General Rafael Leonidas Trujillo, comandante de la Guardia Nacional, dirigió un golpe de estado. Trujillo y su régimen gobernaron hasta 1961, cuando Trujillo fue asesinado. Durante su dictadura a Santo Domingo le cambiaron el nombre por Ciudad Trujillo. Juan Bosch del Partido Revolucionario Dominicano fue elegido presidente en 1962, pero acusado de tener tendencias comunistas, el ejército lo destituyó en 1963. Los militares formaron una junta para gobernar el país. En 1965 hubo una revuelta contra la junta y el presidente norteamericano Lyndon Johnson despachó tropas en abril para restablecer el orden. Otros países de la Organización de Estados Americanos (OEA) también mandaron tropas.

En 1966 Joaquín Balaguer del PRSC, quien había sido un asistente de Trujillo, derrotó a Juan Bosch en las elecciones presidenciales. Balaguer se convirtió en la figura predominante de la política dominicana. Fue reelegido cinco veces más, aunque no consecutivamente. Debido a reformas constitucionales Balaguer sólo ejerció el poder por dos años después de su re-elección en 1994.

Desde entonces el PLD y el PRD se han alternado en el poder. En las elecciones de1996 Leonel Fernández del PLD fue elegido presidente. En el 2000 Hipólito Mejía del PRD ganó las elecciones. Leonel Fernández volvió a ganar las elecciones del 2004, y su inauguración tuvo lugar en agosto del mismo año.

Economía

La República Dominicana tiene una economía agraria. Es uno de los principales productores de azúcar en el mundo. Otras importantes exportaciones agrícolas son el café, el cacao, el tabaco y el arroz. La industria minera produce oro y ferroníquel. El turismo es otra fuente importante de ingresos. Últimamente empresas extranjeras han construido plantas de montaje para varios productos en las zonas francas establecidas por el gobierno.

Aunque la economía ha estado creciendo rápidamente, mucha gente todavía vive en la pobreza. En los últimos años la inflación ha aumentado fuertemente, lo cual también le ha causado daño a la pequeña clase media. El desempleo y el subempleo siguen siendo problemas graves.

Cultura

Los dominicanos son muy amigables y están dispuestos a recibirlo a uno en sus hogares en cualquier momento. Gozan de la vida y también tienen gran respeto por la gente mayor. Así como en la mayoría de las culturas latinas, las visitas sin previo anuncio son comunes. La familia y la vida familiar son muy importantes.

Los dominicanos son aficionados apasionados del béisbol. El béisbol llegó a la República Dominicana desde Cuba en el siglo diecinueve. Los partidos son siempre muy concurridos y los espectadores son entusiastas y expresivos. Actualmente hay seis equipos profesionales: Tigres del Licey y Leones del Escogido en Santo Domingo, Águilas en Santiago, Estrellas Orientales en San Pedro de Macorís, Azucareros del Este en La Romana y Pollos Nacionales en San Fernando de Macorís. Ya que hay muchos jugadores dominicanos en las Grandes Ligas de Estados Unidos, los dominicanos también siguen muy de cerca la temporada de béisbol en ese país. La mayoría de los jugadores latinos en las Grandes Ligas son dominicanos y muchos de ellos son de San Pedro de Macorís, incluso Sammy Sosa, Alfonso Soriano, Fernando Tatis y Luis Castillo. Varios dominicanos han ganado el premio de Jugador Más Valioso (*Most Valuable Player—MVP*), entre ellos Sammy Sosa en la Liga Nacional en 1998, y Miguel Tejada en el 2002 y Vladimir Guerrero en el 2004 en la Liga Americana. En el 2004 cuatro de los cinco finalistas para el premio MVP fueron dominicanos—Manny Ramírez, David Ortiz, Miguel Tejada y Vladimir Guerrero.

La Organización de las Naciones Unidas para la Educación, la Ciencia y la Cultura (UNESCO por su sigla en inglés) mantiene un registro de sitios, eventos y tradiciones culturales de todo el mundo. El registro incluye una lista de sitios tangibles, llamada Lista del Patrimonio Mundial, y una lista de eventos y tradiciones intangibles, llamada Lista del Patrimonio Oral e Inmaterial de la Humanidad. Para la República Dominicana este registro incluye la Ciudad Colonial de Santo Domingo y el Espacio Cultural de la Hermandad del Espíritu Santo de los Congos de Villa Mella.

En 1992 el gobierno construyó el Faro a Colón en Santo Domingo para celebrar los quinientos años del descubrimiento de América. El edificio, en forma de una cruz, contiene varios museos. Tiene unas luces muy poderosas que alumbran hacia arriba también en la forma de una cruz y se pueden ver por muchos kilómetros. Aunque se dice que los restos de Colón se encuentran en el faro, los españoles dicen que sus restos están enterrados en Sevilla.

Fiestas y Festivales

Las tres fiestas nacionales más importantes son el Día de la Independencia, el 27 de febrero, la Restauración de la Independencia, el 16 de agosto, y el Natalicio de Juan Pablo Duarte, el 26 de enero. En la ciudad de Nueva York, donde se encuentra la mayoría de los dominicanos que viven en Estados Unidos, también celebran el Día de la Independencia. En el 2004 el gobernador del estado de Nueva York declaró febrero el Mes del Patrimonio Dominicano. Otra fiesta nacional importante es el Día de la Raza, el 12 de octubre.

Siendo un país predominantemente católico, se observan varias fiestas religiosas además de las Navidades y las Pascuas. Entre ellas están dos en honor a la Virgen María—Nuestra Señora de la Alta Gracia, la patrona de la República Dominicana, el 21 de enero, y Nuestra Señora de las Mercedes, el 24 de septiembre. En la basílica de Higüey hay un retrato de Nuestra Señora de la Alta Gracia que fue traído de España a principios del siglo dieciséis. El 21 de febrero hay peregrinaciones a la basílica, y muchos dominicanos vienen de Estados Unidos para participar en las fiestas. Aunque para Navidad los niños tradicionalmente reciben sus regalos del Niño Jesús, ahora Santa Claus también es muy popular. Pero como en muchos otros países hispanos, algunas familias también celebran el Día de los Reyes Magos el 6 de enero. Ese día los niños también reciben regalos.

Los carnavales también se celebran en muchas partes del país con procesiones que incluyen disfraces y máscaras elegantes. Las fiestas empiezan a principios de febrero con procesiones en los fines de semana y duran hasta el comienzo de la cuaresma el Miércoles de Ceniza. Uno de los disfraces más populares es el del diablo cojuelo. A este personaje lo siguen muchas veces los niños, para quienes el diablo les pide dulces a los comerciantes. La ciudad de Santiago es famosa por sus máscaras, muchas de las cuales son representaciones distintas del diablo. Algunas tienen cachos lisos mientras que otras tienen cachos con espinas.

Comida

Los dominicanos comen bastante arroz, plátanos y frijoles. Los mariscos, el pescado y el chivo también forman parte de la dieta dominicana. El sancocho se puede llamar el plato nacional. Es un guiso hecho a base de varios tipos de carne que pueden incluir chivo, carne de res, cerdo y pollo, plátanos, yuca y calabaza. El mondongo es otro plato típico, hecho con tripa de cerdo. Las empanadas, que se encuentran en muchas variaciones en toda la América Latina, también son muy populares. Se hacen con una masa de harina que se rellena con diferentes tipos de carne y especias y se fríen. El plátano, ya sea verde o maduro, se prepara de muchas formas. El arroz también se puede preparar de muchas formas, ya sea solo o junto con varios tipos de frijoles, pescado, mariscos o carne. Los dominicanos le dicen locrio a un plato hecho con arroz en combinación con carne, pescado o mariscos, y moro a cualquier plato hecho con arroz y frijoles. El moro de habas y el moro de gandules son dos ejemplos. El arroz que queda pegado en la olla y se pone dorado y crocante se llama concón, y a veces se sirve por separado. Los frijoles (que los dominicanos llaman habichuelas) también se usan en muchos platos. Las habichuelas con dulce son un postre tradicional que suele prepararse durante Semana Santa con habichuelas, leche de coco, batatas y otros ingredientes. Otro postre dominicano favorito se llama tres leches, un bizcocho bien dulce hecho con leche condensada, leche evaporada y leche entera, por lo tanto su nombre. Varios otros países latinos también sostienen que este postre es de origen suyo. Para las Navidades los dominicanos muchas veces preparan pasteles, hechos con una masa de plátano machacado que se rellena con carne molida y se envuelve en hojas de plátano. El repollo relleno, al que le dicen niño envuelto, es otro plato favorito para Nochebuena.

Música

Uno de los más populares tipos de música bailable conocida en el mundo, el merengue, viene de la República Dominicana. El merengue se puede escuchar por todas partes en la República Dominicana. En julio hay un festival anual del merengue. Para tocar merengue se usan tres instrumentos—el acordeón, la tambora y el guayano o güira, un cilindro metálico como un rallador que se toca con un raspador. La bachata es otro tipo de música popular. También se toca con los mismos instrumentos como el merengue, pero además se usan trompas y múltiples tambores.

Artes y Letras

Hay varios poetas dominicanos de fama internacional. Entre ellos están Pedro Mir, Manuel del Cabral y Salomé Ureña de Henríquez. Juan Bosch, elegido presidente en 1962, también es un escritor importante. Julia Álvarez es una poetisa y novelista contemporánea que escribe mucho sobre los "Dom-Yorks," como se les dice a los dominicanos que viven en la ciudad de Nueva York.

Enriquillo Rodríguez Amiama y Ramón Oviedo son dos pintores importantes. Las obras de ambos han sido exhibidas en Latinoamérica, Estados Unidos y Europa.

RECETAS

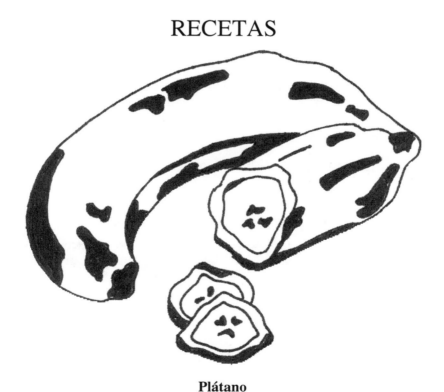

Plátano

El plátano (*Musa paradisiaca*) es un pariente del banano común y crece en la mayoría de las regiones tropicales. La planta crece del tamaño de un árbol pequeño pero no es realmente un árbol ya que el tronco está conformado por los tallos que están envueltos estrechamente uno sobre el otro. Produce un gajo que cuelga de la corona y se cubre de racimos de flores. Un racimo de flores produce un racimo de frutas, al cual se le dice comúnmente una mano.

A diferencia del banano, el plátano no se puede comer crudo. Cuando está verde contiene una gran cantidad de harina. Tiene un alto valor nutritivo, parecido al de la papa, y es una buena fuente de potasio y de vitaminas A y C. Los plátanos se pueden usar cuando están verdes, cuando están apenas madurando y se ponen amarillos, y cuando están bien maduros y se ponen casi negros. A medida que se maduran se vuelven más dulces.

En la República Dominicana el plátano se usa de muchas maneras. Los tostones son tajadas de plátano verde machucadas y fritas, el mangú se hace de plátanos verdes cocidos que se machacan y se fríen con cebolla y el mofongo se hace de plátanos verdes fritos que se machacan con ajo y chicharrones. Muchos dominicanos comen el mangú para el desayuno, acompañado de huevos revueltos. Los plátanos maduros se cortan en tajadas y se fríen, aunque también se pueden hornear o usar en sopas. Plátanos al caldero es un plato hecho con plátanos maduros que se cuecen con clavos de olor y canela hasta que queden caramelizados.

Tostones

Los tostones se preparan de tajadas de plátano gruesas que se machucan un poco y se fríen. Se pueden servir como pasabocas, pero por lo general se sirven como parte del almuerzo o la cena.

4 dientes de ajo machacados*
1 cucharadita de sal
2 tazas de agua
2 plátanos verdes, pelados y cortados en tajadas de ¾ de pulgada de grueso
Aceite vegetal
Sal al gusto

Mezcle el ajo machacado, sal y agua en un tazón.

Ponga suficiente aceite vegetal en una sartén grande hasta que el nivel llegue como a una pulgada y caliéntelo sobre fuego moderado. Cuando el aceite esté caliente, ponga cuantas tajadas quepan en la sartén y fríalas como 3 minutos de cada lado. Saque las tajadas y póngalas sobre toallas de papel. Con un vaso pesado o una taza, aplaste las tajadas hasta que tengan la mitad del grosor que tenían.

Pase cada tajada por la mezcla de agua con ajo y sal y deje escurrir el exceso de agua. Vuelva a poner las tajadas en el aceite caliente y fríalas por 2–3 minutos adicionales de cada lado hasta que estén doradas. Sáquelas del aceite, póngalas sobre toallas de papel y póngales sal al gusto.

Notas: Si quiere, puede omitir pasar las tajadas por el agua con ajo.

Mofongo

El mofongo, hecho de plátano verde machacado con chicharrón, suele servirse como plato de almuerzo.

4 plátanos verdes, pelados y cortados en tajadas de ½ pulgada de grueso*
2 cucharaditas de sal
3 tazas de agua
Aceite vegetal
1 libra de chicharrones*
8–10 dientes de ajo machacados
1 lata de caldo de carne

Mezcle la sal y el agua en un tazón y ponga las tajadas en el agua por unos 5 minutos. Escurra las tajadas y séquelas ligeramente con toallas de papel. Ponga suficiente aceite vegetal en una sartén grande hasta que el nivel llegue como a una pulgada y caliéntelo sobre fuego moderado. Ponga cuantas tajadas quepan en la sartén de manera que se puedan voltear fácilmente y fríalas por 3–4 minutos de cada lado hasta que queden doradas. Saque las tajadas y póngalas sobre toallas de papel.

Ponga a calentar el caldo de carne sobre fuego lento en una cazuela pequeña. Ponga los plátanos fritos, los chicharrones y el ajo machacado en un tazón grande. Usando una maja o un cucharón pesado, machaque y mezcle las tajadas de plátano, los chicharrones y el ajo. Divida la mezcla en 6 moldes individuales, rocíelos con el caldo y sirva.

*Notas: Si quiere, puede omitir poner las tajadas en agua de sal. Los chicharrones se hacen con tocino (la piel, la capa de grasa y un poco de la carne) del cerdo. Para preparar los chicharrones frescos se necesita bastante tiempo y puede ser difícil encontrar el tipo de cerdo que se necesita. En algunos mercados hispanos venden chicharrones frescos por libra, los cuales se pueden recalentar en un horno de microondas. Otra opción es comprar una o dos bolsitas de chicharrones que también se consiguen en los mercados hispanos. Una tercera opción es usar una libra de tocino (tocineta) en lonjas gruesas, cortadas en tiras de ½ pulgada y fritas hasta que queden bien crocantes. En la República Dominicana suelen servir el mofongo en un mortero de madera.

Moro de gandules

Este plato suele servirse como parte de una comida con carne o pescado, alguna verdura, y tajadas de plátano maduro.

1 cebolla grande picada
1 pimiento verde pequeño picado
3 dientes de ajo picados
1 tomate grande picado
3 cucharadas de aceite de oliva
2 tazas de arroz
1 libra de gandules, descongelados, o una lata de 16 onzas de gandules, sin su líquido*
4 tazas de agua
1 cucharadita de sal
½ cucharadita de pimienta recién molida

Ponga el aceite en una olla grande sobre fuego moderado. Agregue la cebolla, el pimentón, el ajo y el tomate y cocine, revolviendo de vez en cuando, por 5 minutos.

Agregue el resto de los ingredientes, mezcle bien y ponga a hervir sobre fuego entre moderado y alto. Reduzca el fuego a lento, tape la olla y cocine por unos 20 minutos, hasta que el arroz absorba todo el líquido. Revuélvalo ligeramente y déjelo destapado sobre fuego lento por unos 5 minutos más.

*Notas: Los gandules congelados se consiguen en los mercados hispanos. En lata se consiguen en casi todos los supermercados. Los gandules pertenecen a la misma familia (*Fabaceae*) que otros tipos de arvejas, pero a un género distinto (*Cajunus*). Las vainas son más grandes, y los gandules tienen un sabor parecido al de las nueces.

Frituras de ñame

Estas frituras se sirven como parte del almuerzo o la cena para acompañar un plato de pescado o carne, pero también se pueden servir como pasabocas.

1 libra de ñame pelado y rallado*
2 cucharadas de cebolla bien picada
2 cucharadas de perejil bien picado
2 cucharadas de mantequilla, al clima y blanda
1 cucharadita de sal
Pimienta recién molida al gusto
2 yemas de huevo
Aceite vegetal

Mezcle el ñame rallado, la cebolla, el perejil, la mantequilla, la sal y la pimienta. Agregue las yemas de huevo y siga mezclando hasta que las yemas queden bien incorporadas.

Ponga suficiente aceite vegetal en una sartén grande hasta que el nivel llegue como a media pulgada y caliéntelo sobre fuego moderado. Con una cuchara ponga 4 o 5 cucharadas de la mezcla a la vez en la sartén y fríalas por 3–4 minutos de cada lado hasta que queden doradas. La mezcla se va a esparcir a medida que se cuece. Ponga las frituras sobre toallas de papel y sirva.

*Notas: El ñame se puede pelar como una batata, con un cuchillo o un pelador de papas. Es un tubérculo cuyo nombre en español viene de su nombre africano—nyami. Esa misma palabra se ha adaptado a la palabra *yam* en inglés. Pertenece a la misma familia, *Dioscoreacea*, del *yam* que se cultiva en Estados Unidos, pero las plantas pertenecen a diferentes especies. Estas dos plantas tampoco se deben confundir con la batata (*sweet potato*), la cual pertenece a la familia *Convolvulacea*. Hay muchas variedades de ñame, que pasan del color blanco hasta el anaranjado y morado. El ñame se consigue en la mayoría de los mercados hispanos.

VOCABULARIO (Palabras derivadas del inglés)

Generalmente aceptadas
Béisbol—baseball
Panqueques—pancakes
Rosbif—roast beef

De uso popular o Spanglish
Guachimán—watchman
Modem—modem
Nocaut—knockout

PARA EMPEZAR A APRENDER

Estos son algunos ejemplos de tareas y proyectos que se pueden usar para que los alumnos aprendan más sobre la República Dominicana (vea el Apéndice A para otras tareas y proyectos):

1. Comparta con los alumnos información sobre los antecedentes de cómo y cuándo llegó el béisbol a la República Dominicana. Después pídales que presenten informes en clase, individualmente o en grupos, sobre los seis equipos dominicanos nombrados en este capítulo. Los informes deben incluir detalles sobre el origen y la historia de cada equipo, los nombres de sus mejores jugadores y de dónde son, los nombres y las historias de aquellos jugadores que ha pasado a jugar en las Grandes Ligas en Estados Unidos, los colores de los equipos, y cómo se desempeñaron en la última temporada.

2. Pídales a los alumnos, individualmente o en grupos, que presenten informes sobre varios aspectos de la celebración del carnaval en la República Dominicana. Los informes deben incluir información sobre los orígenes del carnaval, las actividades que tienen lugar durante la celebración, los nombres y descripciones de las máscaras y los disfraces de los personajes que participan en los desfiles, los platos que se preparan para las fiestas y la música que se toca en ellas.

3. Divida a los alumnos en cuatro grupos y pídale a cada grupo que prepare un informe sobre cada uno de los cuatro viajes de Colón a América. Los informes podrían enfocarse en la duración de los viajes, el número y tipo de embarcaciones usadas en cada uno de ellos, sus destinos, y los retos y lo sobresaliente de cada viaje.

MÁS OPORTUNIDADES PARA APRENDER

Los siguientes tópicos se pueden usar como temas para discusiones en clase o como tareas para proyectos de investigación que se pueden adaptar para varios cursos.

Geografía y Clima

- Las Antillas

- Huracanes

- El Huracán David y el Huracán Georges

- La región del Cibao

Gobierno

- Similitudes y diferencias de estructuras gubernamentales entre la República Dominicana y Estados Unidos
- Perfiles del PLD, PRD y PRSC
- La estructura y el poder de la Real Audiencia de Santo Domingo
- La cultura del caudillo
- La dictadura de Trujillo—su implantación, estructura y derrota

Historia

- El papel de Colón y su familia en la historia temprana de la República Dominicana
- La cultura taína
- Los conflictos con Haití
- Juan Pablo Duarte
- La Doctrina Monroe
- Las intervenciones militares de Estados Unidos en 1916 y 1965
- Joaquín Balaguer
- Organización de Estados Americanos (OEA)

Economía

- La caña de azúcar y el proceso para fabricar el azúcar
- La estructura y el papel de las zonas francas
- El cacao
- El ferroníquel

Cultura

- El béisbol dominicano
- El Faro a Colón
- El merengue

LECTURAS

Para más información y otras lecturas vea el Apéndice B.

Alvarez, Julia. *Antes de ser libre*. 2002. Cursos 6–10.
   La vida de una joven en la República Dominicana de los años 1960.

Joseph, Lynn. *The Color of My Words*. 2000. Cursos 5–8.
   El relato de una niña que quiere ser escritora y su hermano mayor, y la decisión del gobierno dominicano de expropiar las tierras donde queda su pueblo.

RECURSOS EN LA INTERNET

Vea el Apéndice C para otros recursos generales.

www.presidencia.gov.do	Página oficial de la presidencia
www.bancentral.gov.do	Página del Banco Central
www.cig.gov.do	Centro de información gubernamental oficial
www.diariolibre.com	Página de *El Diario Libre,* un periódico importante en el país
www.domrep.org	Página de la Embajada de la República Dominicana
www.cia.gov/cia/publications/factbook/geos/dr.html	World Factbook—el libro mundial de datos de la CIA—República Dominicana
www.lanic.utexas.edu/la/cb/dr	Página sobre la Republica Dominicana del Latin American Network Information Center de la University of Texas
www.dominicancooking.com	Recetas e ingredientes dominicanos
www.dominicanrepublic.com	Noticias e información general sobre la República Dominicana en varios idiomas
www.loc.gov/rr/international/portals.html	Página de la Library of Congress con información sobre países
www.countryreports.org	Información general sobre la República Dominicana
www.gksoft.com/govt/en/world.html	Contiene enlaces a sitios oficiales de la República Dominicana en la Internet

Chapter 5A

Nicaragua

GENERAL INFORMATION

Located in the middle of the Central American subcontinent, Nicaragua stands between Honduras to the north and Costa Rica to the south, and the Pacific Ocean to the west and the Caribbean Sea to the east. With 49,998 square miles (129,494 square kilometers), it is the largest country in Central America. Its size compares to our state of Iowa. It is known as the land of lakes and volcanoes. Some historians believe that Nicaragua's name comes from an Indian tribe sometimes referred to as the Nicaraguas or the Nicaraos, or from an Indian chief that is also known by those two names. However, some researchers maintain that there is no reference to this chief in the records of the Spanish conquest.

The national symbols of Nicaragua are the flag and the coat of arms, both of which were established in 1908. The three horizontal bands are blue, white, and blue; the coat of arms is in the center. National emblems taken from nature are the *madrona* (mah-**throh**-nah) tree; a small white flower called the *sacuanjoche* (sah-kwahn-**hoh-**cheh; and the *guardabarranco* (gwar-dah-bah-**rrahn**-coh), a bird from the mountains in the north.

The official currency, the córdoba, gets its name from the conquistador Francisco Hernández de Córdoba.

According to the 2000 U.S. Census approximately 177,000 people of Nicaraguan descent reside in the United States.

Geography and Climate

The country has three distinct geographic regions—the Pacific region, the central highlands region, and the Caribbean region. The Pacific region consists mostly of lowlands, with some mountains rising to about 3,000 feet (914 meters). The two most important geographic features of this region are two large

103

lakes—Lake Nicaragua and Lake Managua. Lake Nicaragua, the eighth largest lake in the world and home to the only known freshwater sharks, covers 3,060 square miles (7,925 square kilometers) and is connected to the smaller Lake Managua (32 miles/51 kilometers long) to the north by the Tipitapa River. The largest island in the lake, Ometepe, has two active volcanoes. These volcanoes form part of a chain of 13 volcanoes that runs along the western part of this region, close to the Pacific Ocean. Maderas, on the island of Ometepe, is the first in the chain, and Cosigüina, near the border with Honduras, is the last. One volcano, Cerro Negro, erupted as recently as 1999. Temperatures in this region average 80°F (27°C) year-round. It is an unstable geological region, with violent earthquakes and volcanic activity. In 1972 a major earthquake severely damaged the capital, Managua, and left thousands dead.

In the central region several mountain ranges run generally from the southwest to the northeast. They include the Cordillera Isabelia, with elevations up to 8,000 feet (2,438 meters), the Cordillera de Darién, and the Montañas de Colón. This area features large evergreen forests and many valleys. The cool temperatures, which average 60°F (15°C) to 70°F (21°C), make this an excellent coffee-growing region.

Tropical rain forests cover much of the flat Caribbean region. Many of the country's major rivers, which start in the central highlands, flow through this region into the Caribbean. They include Río Escondido; Río Coco, which forms most of the border with Honduras; and Río San Juan, which starts in Lake Nicaragua and forms part of the border with Costa Rica. The area along the coast is known as the Costa de Mosquitos—the Mosquito Coast. Unlike the other two regions with rainy seasons that extend from about May to November, here plenty of rain falls throughout the year. Temperatures average 80°F (27°C).

Population

The population of Nicaragua is approximately 4.8 million. More than two-thirds of the population is mestizo, of Spanish and Indian descent. The rest, in decreasing order of numbers, are of Spanish, African, and Indian descent. In the middle of the nineteenth century many Germans also came to Nicaragua and began growing coffee. Although Spanish is the official language, some Indian groups also speak Miskito and Sumo; English is also spoken along the Atlantic coast.

Nicaragua's population is concentrated in the Pacific region, with about one million people living in Managua, the capital. Only a few other cities have populations of more than 100,000, including León, Matagalpa, Masaya, and Chinandega. Much of the black and Indian population is in the Caribbean region.

Government

Nicaragua's official name is República de Nicaragua, and the country is a republic, like the United States. It is divided into 15 departments and two autonomous regions that are located along the Atlantic coast. The constitution, largely rewritten in 1995 after the Sandinistas lost power, defines the current structure of the government. There are three branches of government—the executive, the legislative, and the judiciary. The president and vice president make up the executive branch. They are elected for one five-year term and cannot be reelected. The legislative branch consists of a National Assembly with 92 members who are elected to serve five-year terms. The judicial branch consists of a Supreme Court, several appeals courts, district judges, and local judges.

Although there are many smaller parties in Nicaragua, the Partido Liberal Constitucional (PLC), which has formed the Liberal Alliance with some of these smaller parties, currently dominates the political scene. The other major political force in Nicaragua today is the Frente Sandinista de Liberación Nacional (FSLN).

History

The earliest signs of humans in the area are known as the Huellas de Acahualinca (the footprints of Acahualinca). They are petrified footprints dating from 3000 or 4000 B.C.E., found in Managua. People fleeing a volcanic eruption apparently made the footprints.

Before the arrival of Columbus several Indian societies with well-developed social and economic systems flourished in the western region of what is now Nicaragua. Some of the earliest tribes present in the area were the Chorotegas, the Chontales, and the Matagalpas. Based on earlier research, scientists believe that the Nicaraos moved into the area from Mexico in the thirteenth century. However, more recent scientific research seems to indicate that the Nicarao people had little in common with the native peoples of Mexico. Some historians also believe that the Nicaraos (or Nicaraguas) are descendants of a mix of Aztec and Arawak peoples, and that the second part of their name—aragua—comes from the word Arawak. It will likely take some time for scientists to decide on the true origins of the Nicarao people. Some of the tribes along the Caribbean coast came from the south and were part of the Carib Indian culture.

In 1502 Columbus arrived in what is now Nicaragua. In the following decades several Spanish expeditions from Panamá established Spanish control of the region and promoted the spread of the Catholic religion among the Indians. Francisco Hernández de Córdoba founded the cities of Granada and León in 1524. By 1552 Spanish control of the western and central regions was complete, with Indians providing the labor needed on the Spanish farms and in the mines. León became the political capital, while Granada was the main commercial center.

As part of the colony of New Spain, whose capital was Mexico City, Nicaragua was governed by the Capitanía, based in Guatemala. Spain used the Capitanía form of government, and several others, throughout most of Latin America. In the seventeenth century the English established settlements along the Caribbean coast, and they formed treaties with the Miskito Indians who inhabited that region. The largest city in this zone is still named Bluefields. English pirates used the area as a base from which to attack Spanish merchant shipping along the coast and up the San Juan River.

On September 15, 1821, the Capitanía of Guatemala declared its independence from Spain. Nicaragua, along with several other states governed by the Capitanía, briefly fell under the control of the Mexican empire that had been established in Mexico after its independence from Spain. By 1823 these states had formed the Federation of Central America, from which Nicaragua in turn broke away in 1838. For the next two decades there were many wars between the Liberals of León and the Conservatives of Granada. To try to end this rivalry, leaders from both parties agreed in 1852 to make Managua the capital.

In 1843 Great Britain declared the Atlantic coast region its protectorate. When the California gold rush ensued in 1848, Nicaragua became a route to get to San Francisco without having to go around South America.

In 1854 another war broke out between León and Granada. In 1855 the Liberals of Leon invited William Walker, an American adventurer, to help them gain control of the country. Walker captured Granada and later declared himself president. The Liberals and Conservatives united to drive Walker out in 1857. Walker tried to come back several times but was finally captured and executed in Honduras in 1860.

Around the turn of the century the United States became interested in building a canal across Central America and tried unsuccessfully to reach agreement with the government of José Santos Zelaya to do so. In 1909 the United States supported a revolt against Zelaya, which led to significant American economic control. In 1912 President Adolfo Díaz asked the United States to send troops to help maintain order. The troops stayed until 1933 to help protect U.S. economic interests, although during the last five to six years of their stay, rebel forces led by Augusto César Sandino frequently attacked them. Before the troops left, they trained a National Guard led by Anastasio Somoza.

The National Guard assassinated Sandino in 1934. In 1937 Somoza was elected president in a rigged election. The Somoza dynasty ruled Nicaragua under a dictatorship until 1979. After Somoza was assassinated in 1956, his two sons, Luis and Anastasio, succeeded him in the presidency. Anastasio was elected to a final presidential term in 1974. But by then considerable opposition to his government had developed in the form of a rebel group known as the Sandinista National Liberation Front. The rebels defeated the government forces in 1979 and drove Anastasio into exile in Paraguay, where he was assassinated in 1980.

The Sandinistas established a Marxist government that implemented some land reforms and exercised significant control over most of the economy. Recovery from the war progressed slowly, and by the early 1980s opposition to many government policies had begun. Exiled members of the National Guard, who became known as the Contras and were largely funded by the United States, began launching military attacks against the government from Honduras. In elections held in 1984 the Sandinista leader Daniel Ortega was elected president.

Internal conflict continued until 1990, when the Sandinistas agreed to hold free elections if the Contras would disarm. Violeta Chamorro, the wife of an anti-Somoza newspaper editor who had been murdered in 1978, defeated Ortega in those elections. Daniel Ortega ran for president again in 1996, but Arnoldo Alemán of the PLC won the elections. In 2001 Enrique Bolaños, also of the PLC, won the elections. However, the FSLN still plays a major role in Nicaraguan politics. In the municipal elections held in November 2004 they won in 88 of the 152 municipalities in the country, including many of the state capitals. In Managua they defeated Pedro Joaquín Chamorro, the PLC candidate for mayor and son of Violeta Chamorro.

Economy

The Nicaraguan economy is basically agricultural, with most of the output coming from the fertile Pacific region. The major agricultural products are bananas, coffee, corn, cotton, rice, and cattle. As in Mexico, there is also a *maquiladora* (mah-kee-lah-**thoh**-rah) industry that provides employment. *Maquiladoras* are the assembly plants that many foreign companies have established for various products.

The economy is still trying to recover from years of central planning and the embargo imposed by the United States while the Sandinistas were in power. Although significant progress has been made in areas such as the control of inflation, unemployment and underemployment are still significant problems.

Culture

Nicaraguans refer to each other as *nicas* (**nih**-cahs). A favorite pastime is discussing politics, which they enjoy doing for hours on end. These discussions revolve around current events as well as political history. Nicaraguans also have a special love for poetry, and many try their hands at writing poems. Most of the population is Roman Catholic, and mass, baptism, and first communion form an integral part of daily life.

The United Nations Educational, Scientific and Cultural Organization (UNESCO) maintains a registry of cultural sites, events, and traditions from around the world. The registry includes a list of tangible places, called the UN World Heritage List, and a list of intangible events and traditions, called the List of the Intangible Heritage of Humanity. For Nicaragua the registry includes the Ruins of León Viejo and The Garífuna Language, Dance and Music, which also represents Honduras and Belize in the registry. The Garífuna people are descendants of Carib Indians and African slaves and live in an area along the Atlantic coast in Nicaragua, Honduras, and Belize.

Feasts and Festivals

The major national holidays are the Battle of San Jacinto on September 14, which celebrates the first defeat of William Walker in 1856, and Independence Day on September 15. Both of these celebrations include parades, in which many schools participate, and speeches by government officials. A more recent national holiday is the Victory of the Revolution on July 19, which celebrates the defeat of the Somoza dictatorship by the Sandinistas. On this day Sandinistas from all over the country come to Managua to celebrate with speeches and music, and the red and black Sandinista flag can be seen everywhere.

The most important religious holiday is the Immaculate Conception, in honor of the Virgin Mary, on December 8. She is also known as La Purísima, and is the patroness of Nicaragua. Family and friends gather to pray and sing, usually around an altar to the Virgin, as well as to eat some of the traditional dishes, like *vigorón* (vee-goh-**rohn**) and *gofio* (**goh**-feeoh), and to exchange gifts. In León this celebration starts on December 7, the eve of the Immaculate Conception, with La Gritería (gree-teh-**ree**-ah), which means The Shouting. The name refers to the shouting that goes on back and forth between people walking around the neighborhoods to look at the altars that many people set up in their houses and the homeowners. Every time that those walking from house to house shout, "Who causes so much happiness?" the homeowners respond, "The conception of Mary."

León is also known for its celebration of Holy Week, during which there are solemn processions with people carrying religious images. Some of the streets on which these processions take place are covered with sawdust that has been stained in different colors to make religious motifs. Throughout the country many people go to the beach during Holy Week, and most normal activity comes to a standstill.

Most cities and towns also celebrate the day of their patron saint. Two well-known celebrations are those of San Jerónimo in Masaya on September 30 and Santo Domingo in Managua from the first to the tenth of August. In 2000 the National Assembly declared Masaya to be the folklore capital of Nicaragua because of its many festivals, traditions, and legends. The feast of San Jerónimo starts a series of celebrations that last into December and include parades with people dressed up in masks and costumes, horse-shows, music, folk dances, and food. One typical dance during these festivities is the *Torovenado* (toh-roh-veh-**nah**-thoh), meaning bull/deer, which has its roots in the resistance of the Indians to the Spanish conquerors. The bull represents the power of the Spanish, while the deer represents the agility and intelligence of the Indian. Many of the masks worn during this dance are intended to make fun of public figures, especially politicians.

Santo Domingo is the patron saint of Managua. On the first of August people carry an image of Santo Domingo in a procession through the city from its sanctuary in the hills south of the city into town. Between the first and the tenth there are parades and processions and a magnificent horse show. On the tenth of August people carry the image of the saint back to his sanctuary, known as *Las Sierritas de Santo Domingo*. Marimba music accompanies this procession, and many people dress up in costumes.

The *Palo de Mayo* (**pah**-loh deh **mah**-yoh) celebrations during May in Bluefields and other towns along the Atlantic coast are based on the old English maypole festivities to celebrate the return of spring and fertility. People dance around a pole that is planted in an open area and is decorated with fruits and ribbons.

Food

The most important ingredient in Nicaraguan food is corn, which is prepared in many different ways. The *nacatamal* (nah-cah-tah-**mal**), considered by many to be the national dish, is made with corn meal stuffed with chicken or pork and wrapped in plantain leaves. Other variations of the *tamal* include the *tamal pisque* (tah-**mal pees**-keh), a small *tamal* made only with cornmeal, and the *yoltamal* (yohl-tah-**mal**), which is made from sweet corn and includes cheese. *Tortillas* (tohr-**tee**-yahs), made from cornmeal, are served with many meals, the way bread is served in many other countries. *Indio viejo* (**in**-deeoh **vieh**-hoh) is made from cornmeal mixed with shredded beef, onions, tomatoes, plantains, and several spices. *Pebres* (**peh**-brehs) are dishes made with cornmeal and meat from wild animals, such as turtles and iguanas. There are many varieties of *atoles*, all made with corn and sugar plus other ingredients. Some are served warm and some cold. *Quesillo* (keh-**see**-yoh) is made from a soft cooked cheese that is mixed with cream and chopped onion and then wrapped in a tortilla. Another popular national dish, *vaho* (**vah**-oh), consists of beef, yuca, ripe and green plantains, and cabbage, cooked in layers separated by plantain leaves. Other typical dishes include *vigorón*, which is made from boiled *yuca* (**yoo**-cah) and pork cracklings served with a cabbage salad, and *gallopinto* (gah-yoh-**peen**-toh), a dish made with red beans and rice that can be served at all three meals. A popular dessert is *pío quinto* (**pee**-oh **keen**-toh)—a cake over which first a syrup made from sugar and water is poured, then *atolillo* (ah-toh-**lee**-yoh), which is made from corn starch, milk, sugar, and spices.

Music

Like poetry, music is another passion of the Nicaraguan people. Nicaraguan music is greatly influenced by the guitar from Spain and the marimba, of African origin. Variations of the polka, introduced by European immigrants, are also popular. Since the 1980s, the brothers Carlos and Luis Enrique Mejía Godoy have played an important role in collecting and interpreting popular Nicaraguan music. A very different type of music can be found along the Atlantic coast, with its strong African influence and use of percussion instruments.

Arts and Letters

The most important literary figure in Nicaragua is Rubén Darío, a famous poet who lived from 1867 to 1916. Recognized around the world as one of the greatest poets of the Spanish language, Darío led the modernist movement in Spanish literature. Other important poets include Salomón de la Selva, Azarías Pallais, and Alfonso Cortés.

RECIPES

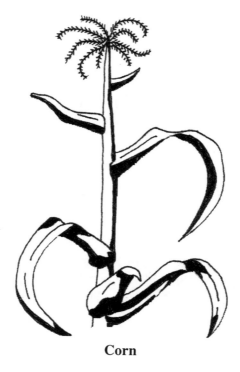

Corn

Corn (*Zea mays*) belongs to the grass family. Scientists believe it first appeared in Mexico between 7000 and 4500 B.C.E. and that it spread from there throughout the Americas, arriving in Nicaragua as early as 2000 B.C.E. Corn became an extremely valuable plant, as all of its parts could be used. The stalk and leaves were used as feed for cattle or as fertilizer. The husks were used as wrappers for various foods, for example, to wrap tamales. The cob served as a stopper and for scrubbing, and medicinal teas were produced from the silk. The corn itself is a major source of food not only for humans but also for animals. The cob can be eaten whole when young and tender. The kernels can be eaten when they are still tender, and when they are more mature they can be dried and ground for corn meal.

Nicaraguans use corn in a great many ways. There are over 100 dishes based on corn, including drinks, soups, main dishes, and desserts. Drinks include *tiste* (**tees**-teh), a slightly fermented drink made from corn meal, cocoa, and spices; *pinol* (pee-**nol**), made from toasted corn meal and sugar; *pinolillo* (pee-noh-**lee**-yoh), the same as *pinol* but with cocoa and spices added; and *chicha* (**chee**-chah), a fermented drink. Corn meal is an ingredient in such dishes as the *nacatamal* and *indio viejo* (**in**-deeoh **vieh**-hoh), as well as in breads, like *tortillas* (tohr-**tee**-yahs). *Pozole* (poh-**soh**-leh) is a typical soup made with hominy (hulled corn). Desserts include *gofio* (**goh**-feeoh), made from ground toasted corn, honey, and spices; and *atolillo* (ah-toh-**lee**-yoh), made from corn starch, milk, cinnamon, and cloves.

Esquite (es-kee-teh)

(Corn Kernels Fried in Butter)

Esquite, made by frying corn kernels in butter with some spices, can be served as a side dish for lunch or dinner.

> 6 ears of sweet corn*
> 8 tablespoons butter
> 6 leaves of fresh epazote (eh-pah-**soh**-teh), 3–4 leaves if dried*
> ¼ teaspoon ground dried green chilies*
> Juice of one lemon
> Salt to taste

Remove husks from the corn and rinse it. Using a sharp knife cut off the kernels as close to the cob as possible. Heat the butter in a large skillet over moderate heat. Add the kernels and cook, stirring frequently, until the corn is golden brown. Add the ground chili, lemon juice, and salt to taste, mix well, and serve.

*Notes: If fresh corn is not available, you can also use two packages of frozen corn kernels. Epazote is an herb that is also used in Mexican cooking. In English it is sometimes known as sweet pigweed or wormweed. It can be found fresh or dried in many Hispanic markets. If epazote is not available, use ¼ teaspoon each of dried coriander and dried oregano. Ground chilies of various types are usually found in most Hispanic markets.

Pozole (poh-soh-leh)

(Corn Soup)

Pozole is a hearty corn soup with pork and chicken that is served with several garnishes. It can be a complete meal. A similar dish of the same name is made in Mexico.

2 cans (29 oz.) of white hominy corn, drained*
2–3 pounds of pork loin
1 chicken breast, skinless and boneless
6–8 cloves of garlic, chopped
2 jalapeño (hah-lah-**peh**-nyoh) chilies, chopped*
1 teaspoon salt
½ teaspoon fresh ground pepper
1 teaspoon oregano
3 cups chopped lettuce
1 small onion, finely chopped
8–10 radishes, thinly sliced

Put the hominy, pork, chicken, garlic, chilies, salt, pepper, and oregano in a large pot and add water to cover. Bring to a boil over moderate heat, lower the temperature to low, cover, and continue cooking for about 1 hour.

Take out the pork and chicken. As soon as they have cooled enough to handle, shred the pork and chicken and return to the pot. Cover and continue cooking over low heat for 15–20 minutes.

Put the lettuce, onion, and radishes in separate bowls. Serve the soup and top with lettuce, onions, and radishes to taste.

Notes: White hominy, such as that made by Goya, can be found in some grocery stores and in most Hispanic stores. You may use fresh jalapeños or jalapeños in a can or a jar, usually available in most grocery stores. Be careful not to touch any part of your face until you have washed your hands thoroughly after chopping the jalapeños.

Vigorón

(Cabbage, *Yuca* (**yoo**-cah), and Pork Cracklings)

This dish is basically a cabbage salad served with yuca and pork cracklings. It is often served as part of a buffet during the festivities of the Immaculate Conception on December 7 and 8.

2 pounds fresh or frozen yuca*
1 teaspoon salt
3 cups finely chopped cabbage
½ cup finely chopped onion
1 jalapeño pepper, finely chopped*
¼ cup white vinegar
Juice of 2 lemons
½ pound pork cracklings*

If using frozen yuca, proceed to the next paragraph. If using fresh yuca, cut the tubers into 3- to 4-inch sections and peel. As you peel, slice each section in half lengthwise and put it in cold water to prevent discoloration.

Use a pot large enough to cover the yuca (fresh or frozen) with about 2 inches of water. Add 1 teaspoon salt, bring to a boil, and then simmer, partially covered, for about 20 minutes, until it is soft. Drain and put back on the burner for 2–3 minutes to eliminate as much of the moisture as possible without letting the yuca burn.

When the yuca is cool enough to handle, cut into quarters lengthwise and remove the fiber in the center. Set aside and keep warm.

Put the cabbage, onion, jalapeño pepper, vinegar, and lemon juice in a large bowl and mix well.

To serve, put the yuca on plates, put the cabbage on top, and sprinkle some of the pork cracklings over each plate.

*Notes: Frozen yuca can be found in many grocery stores. See Chapter 6 for a description of what yuca is and instructions on how to peel it. If it is not available in the grocery store, it can be found in most Hispanic markets. You may use fresh jalapeños or jalapeños in a can or a jar, usually available in most grocery stores. Be careful not to touch any part of your face until you have washed your hands thoroughly after chopping the jalapeños. Some Hispanic markets sell freshly made pork cracklings by the pound, which can then be reheated in a microwave oven. Another option is to buy one or two bags of prepared pork cracklings, which can also be found in Hispanic markets and are packaged like potato chips. A third option is to use ½ pound of thick-sliced bacon, cut into ½-inch strips and fried until very crisp.

Salpicón (sahl-pee-cohn)

(Cold Chopped Roast Beef)

Salpicón is a cold roast beef salad that can be served as part of a light dinner, accompanied by fried ripe plantains and tortillas.

2 pounds cooked roast beef, chopped*
1 large onion, finely chopped
1 bell pepper, finely chopped
¼ cup olive oil
Juice of 2 lemons
Salt and fresh ground pepper to taste

Put the chopped beef, onion, and bell pepper in a large bowl. Mix the olive oil, lemon juice, salt, and pepper and add to the beef. Mix well and refrigerate for several hours before serving. Serve with sliced bread similar to French or Italian bread, or with white rice.

*Notes: You can use already prepared roast beef, or you can cook a 2–3 pound top round roast in a pot with a chopped onion and several cloves of garlic for about two hours. Allow the roast to cool and then chop.

VOCABULARY (Words Derived from Spanish)

Bronco—from bronco, rough

Colorado—colored, ruddy

Filibuster—from filibustero, freebooter

Hammock—from hamaca

Potato—from batata

Tornado—from tronada, thunderstorm

LEARNING LAUNCH

Following are some examples of assignments and projects that may be used to help students learn more about Nicaragua (see Appendix A for additional assignments).

1. Ask the students to research the history of William Walker and his role in Nicaraguan history and to discuss Walker in class. Discussions should cover Walker's military background in the United States, the conditions in Nicaragua that led to his becoming president, reasons why the Nicaraguans eventually turned against him, how he was defeated, his attempts to make a comeback, where and how he was captured, and his trial and execution.

2. Ask the students to research the history of the British involvement in Nicaragua along the Atlantic coast and plan a class discussion on the subject. The discussion should include the relationships that the British established with the Indians in the region, the settlements they established, the use of the area as a point of departure for raids on the Spanish fleet in the Caribbean and against the Fort of the Immaculate Conception on the San Juan River, and the continued use of English in the area to this day, especially in such cities as Bluefields.

3. Ask the students, individually or in groups, to research and report on the importance of corn in the mythology of different American Indian civilizations, such as the Aztec, the Maya, the Inca and the Guaraní. Reports could focus on the rituals involving corn, the deities associated with corn, and on the stories of the origins of corn.

MORE LEARNING OPPORTUNITIES

The following topics may be used as subjects for class discussion or as assignments for research projects that can be tailored to particular grade levels.

Geography and Climate

- Lake Nicaragua
- The parts and stages of a volcano
- The transit route used during the California gold rush
- The 1972 earthquake
- The formation of the *isletas* (ees-**leh**-tahs), small islands, on Lake Nicaragua

Government

- Similarities and differences between the government structures of Nicaragua and the United States
- The Liberal Alliance
- The current role of the Frente Sandinista de Liberación Nacional in Nicaraguan politics
- The different forms of government used by the Spanish, for example, the Audiencia, the Capitanía, the Virreinato
- The Somoza dictatorship—its imposition, structure, and defeat

History

- The footprints of Acahualinca
- Iran–Contra scandal
- Overt U.S. interventions—Nicaragua (1912), Dominican Republic (1965)
- Covert U.S. interventions—Guatemala (1950s), Chile (1970s), Nicaragua (1980s)
- The Fort of the Immaculate Conception, on the San Juan River
- The British rule along the Atlantic coast

Economy

- Tobacco
- The maquiladora industry
- Cattle ranching

Culture

- The feast of La Purísima, in honor of the Virgin Mary
- Rubén Darío
- The play *El güegüense*
- The pottery of San Juan de Oriente

READING LIST

See Appendix B for additional information and readings.

Malone, Michael R. *A Nicaraguan Family*. 1998. Grades 4–7.
A family leaves Nicaragua for Miami in 1979.

INTERNET RESOURCES

See Appendix C for a list of additional general resources.

www.presidencia.gob.ni	Official site of the presidency
www.bcn.gob.ni	Web site of the central bank of Nicaragua
www.upoli.edu.ni	Universidad Politécnica de Nicaragua
www.unanleon.edu.ni	Universidad Nacional Autónoma de Nicaragua
www.laprensa.com.ni	Web site of *La Prensa,* one of the leading newspapers in the country
www.elnuevodiario.com.ni	Web site of *El Nuevo Diario,* another leading newspaper
www.enicaragua.net	General information about Nicaragua
www.cia.gov/cia/publications/factbook/geos/nu.html	The CIA's World Factbook—Nicaragua
www.lanic.utexas.edu/la/ca/Nicaragua	Nicaragua page of the Web site of the Latin American Network Information Center at the University of Texas
www.loc.gov/rr/international/portals.html	The Library of Congress country information
www.countryreports.org	General information about Nicaragua
www.gksoft.com/govt/en/world.html	Contains links to many official sites about Nicaragua

Capítulo 5B

Nicaragua

INFORMACIÓN GENERAL

Nicaragua se encuentra en la mitad del subcontinente mesoamericano, entre Honduras al norte y Costa Rica al sur, el Océano Pacífico al oeste y el Mar Caribe al este. Con 49.998 millas cuadradas (129.494 kilómetros cuadrados), es el país más grande de Centroamérica y es más o menos del mismo tamaño del estado de Iowa. Se le conoce como la tierra de lagos y volcanes, y algunos historiadores creen que su nombre viene de una tribu indígena a la que a veces se le refiere como nicaraos o nicaraguas o de un cacique también conocido por esos dos nombres. Sin embargo, según algunos investigadores, en los documentos de la conquista española no existe ninguna referencia a dicho cacique.

Los símbolos nacionales son la bandera y el escudo. Ambos fueron establecidos en 1908. La bandera consiste de tres bandas horizontales de color azul, blanco y azul, con el escudo en el centro. Otros emblemas nacionales, que vienen de la naturaleza, son el árbol madroño, el sacuanjoche, que es una florcita blanca, y el guardabarranco, un pájaro de las montañas en el norte del país.

La moneda nacional es el córdoba y debe su nombre al conquistador Francisco Hernández de Córdoba.

Según el censo del 2000 hay aproximadamente 177.000 personas de descendencia nicaragüense en los Estados Unidos.

Geografía y Clima

El país tiene tres regiones geográficas marcadas—la región del Pacífico, la región montañosa central y la región del Caribe. La región del Pacífico consiste más que todo de tierras bajas, con algunas montañas que llegan a una altura de unos 3.000 pies (914 metros). Los dos rasgos geográficos más importantes de esta región son el Lago de Nicaragua y el Lago de Managua. El Lago de Nicaragua tiene una superficie de 3.060 millas cuadradas (7.925 kilómetros cuadrados) y se conecta con el Lago de Managua por el Río

Tipitapa. Es el octavo lago más grande del mundo. En la isla más grande del lago, que se llama Ometepe, hay dos volcanes activos. Estos volcanes forman parte de una cadena de trece volcanes que corre a lo largo del occidente de esta región, cerca del Océano Pacífico. El primero de ellos es Maderas, en la isla de Ometepe, y el último es Cosigüina, cerca de la frontera con Honduras. Uno de ellos, el Cerro Negro, tuvo una erupción en 1999. La temperatura en esta región tiene un promedio de 80° F (27° C) durante todo el año. Es una región geológica inestable, de terremotos y actividad volcánica. La capital, Managua, sufrió daños severos en el terremoto de 1972, el cual dejó miles de muertos.

En la región central se encuentran varias cordilleras que corren generalmente del sudoeste al noreste. Entre ellas están la Cordillera Isabelia, con elevaciones hasta los 8.000 pies (2.438 metros), la Cordillera del Darién y las Montañas de Colón. Esta región también incluye selvas grandes de perennifolios y muchos valles. Las temperaturas frescas, con un promedio de 60° F (15° C) a 70° F (21° C), hacen de esta una excelente región cafetalera.

La región caribeña es en su mayor parte una región plana, cubierta en gran parte por selvas tropicales. Muchos de los ríos principales del país, que empiezan en la región montañosa central, fluyen por esta región al Mar Caribe. Entre ellos están el Río Escondido, el Río Coco, el cual conforma gran parte de la frontera con Honduras, y el Río San Juan, el cual empieza en el Lago de Nicaragua y conforma parte de la frontera con Costa Rica. El área a lo largo de la costa se llama la Costa de Mosquitos. A diferencia de las otras dos regiones, que tienen temporadas de lluvia de mayo a noviembre, aquí llueve bastante durante casi todo el año. La temperatura promedio es de 80°F (27°C) durante todo el año.

Población

La población de Nicaragua es de aproximadamente 4,8 millones de habitantes. Más de dos terceras partes de la población son mestizos, de descendencia española e indígena. El resto, en orden decreciente, es de origen español, africano e indígena. A Nicaragua también llegaron muchos alemanes a mediados del siglo diecinueve que se dedicaron, más que todo, al cultivo del café. Aunque la lengua oficial es el español, algunos grupos indígenas hablan miskito y sumo, y en la costa atlántica también se habla inglés.

La población nicaragüense está concentrada en la región del Pacífico; aproximadamente un millón viven en Managua, la capital. Sólo unas cuantas otras ciudades cuentan con más de 100.000 habitantes, entre ellas León, Matagalpa, Masaya y Chinandega. La mayoría de la población negra e indígena se encuentra en la región caribeña.

Gobierno

Nicaragua es una república, como Estados Unidos. Su nombre oficial es República de Nicaragua. El país está dividido en 15 departamentos y dos regiones autónomas que se encuentran a lo largo de la costa atlántica. La constitución que define la estructura del gobierno fue modificada en gran parte en 1995, después de que los sandinistas perdieran el poder. El gobierno consiste de tres poderes—el poder ejecutivo, el poder legislativo y el poder judicial. El presidente y el vicepresidente conforman el poder ejecutivo. Son elegidos por un período de cinco años y no pueden ser reelegidos. El poder legislativo lo conforma una Asamblea Nacional con 92 diputados que también son elegidos por períodos de cinco años. El poder judicial lo conforman una Corte Suprema, varias cortes de apelación, juzgados de distrito y juzgados locales.

Aunque hay varios partidos políticos pequeños, el partido más importante es el Partido Liberal Constitucional (PLC), el cual formó la Alianza Liberal con varios de los partidos más pequeños. El Frente Sandinista de Liberación Nacional (FSLN) es la otra gran fuerza política en Nicaragua hoy en día.

Historia

Las señas más antiguas de seres humanos en esta región son las Huellas de Acahualinca. Son huellas petrificadas que datan de 3.000 o 4.000 años antes de Cristo en Managua que aparentemente fueron hechas por personas huyendo de una erupción volcánica.

Antes de la llegada de Colón a las Américas ya se encontraban algunas sociedades indígenas en la región occidental de lo que ahora es Nicaragua con sistemas sociales y económicos bien desarrollados. Entre las primeras tribus que se encuentran en esta región están los chorotegas, los chontales y los matagalpas. Según investigaciones anteriores algunos científicos creen que los nicaraos llegaron a la región desde México en el siglo trece. Pero investigaciones más recientes indican que los nicaraos no tenían mucho en común con los pueblos nativos mexicanos. Algunos historiadores ahora creen que los nicaraos (o nicaraguas) son descendientes de una mezcla entre pueblos aztecas y arahuacos, o arawakos, y que la segunda parte del nombre—aragua—viene de la palabra arahuaco. Algunas de las tribus a lo largo de la costa caribeña llegaron del sur y eran parte de la cultura indígena caribe.

Colón llegó a la actual Nicaragua en 1502. En las siguientes décadas hubo varias expediciones españolas que vinieron de Panamá y establecieron control de la región en nombre de España, promulgando la religión Católica en la población indígena. Francisco Hernández de Córdoba fundó las ciudades de Granada y León en 1524. Para 1552 los españoles tenían control de las regiones occidental y central, y los indígenas trabajaban en las haciendas españolas y en las minas. León se convirtió en la capital política y Granada en el principal centro comercial.

Nicaragua era parte de la colonia de Nueva España, cuya capital era Ciudad de México, y era gobernada por la Capitanía de Guatemala. La capitanía era una de varias formas de gobierno que España usaba por toda la América Latina. Los ingleses establecieron asentamientos a lo largo de la costa atlántica en el siglo diecisiete y tenían tratados con los indios miskitos que habitaban esa región. La ciudad más grande en esta zona todavía se llama Bluefields. Los piratas ingleses usaban el área como base de donde atacar la marina mercante española a lo largo de la costa y subiendo por el Río San Juan.

La Capitanía de Guatemala declaró su independencia de España el 15 de septiembre de 1821. Nicaragua, junto con varios otros estados que también eran gobernados por la Capitanía, estuvieron brevemente bajo el control del imperio mexicano establecido en México después de su independencia de España. Para 1823 estos estados habían formado la Federación Centroamericana, de la cual Nicaragua a su vez se separó en 1838. Durante las siguientes dos décadas hubo muchas guerras entre los Liberales de León y los Conservadores de Granada. Para tratar de poner fin a esta rivalidad, en 1852 acordaron establecer la capital en Managua.

Por estos años, en 1843, Gran Bretaña declaró la región de la costa atlántica como su protectorado. Además, con la fiebre por la búsqueda del oro en California en 1848, Nicaragua se convirtió en una ruta para llegar a San Francisco sin tener que dar vuelta por abajo de Suramérica.

En 1854 estalló otra guerra entre León y Granada. En 1855 los Liberales de León invitaron a William Walker, un aventurero norteamericano, para ayudarles a tomar control del país. Walker capturó la ciudad de Granada y después se declaró como presidente. Los Liberales y los Conservadores se unieron para expulsarlo en 1857. Walker trató de volver varias veces pero fue capturado y fusilado en Honduras en 1860.

Hacia fines del siglo diecinueve Estados Unidos, que estaba interesado en construir un canal a través de Centroamérica, trató de llegar a un acuerdo para ello con el gobierno de José Santos Zelaya pero sin éxito. En 1909 Estados Unidos dio su apoyo a una revuelta contra Zelaya, con el resultado de que Estados Unidos obtuviera un alto grado de control económico. En 1912 el presidente Adolfo Díaz le pidió a Estados Unidos que enviara tropas para ayudar a mantener el orden. Estas tropas se quedaron en Nicaragua hasta 1933 para proteger los intereses de Estados Unidos, pero durante los últimos 5 o 6 años de su estadía fueron atacadas con frecuencia por fuerzas rebeldes bajo el mando de Augusto César Sandino. Antes de regresar a Estados Unidos las tropas habían entrenado la Guardia Nacional, la cual estaba bajo el mando de Anastasio Somoza.

En 1934 la Guardia Nacional asesinó a Sandino. Somoza fue elegido presidente en elecciones manipuladas en 1937. La dinastía Somoza gobernó Nicaragua hasta 1979. Después del asesinato de Somoza en 1956 sus dos hijos, Luis y Anastasio, lo siguieron en la presidencia. Anastasio fue elegido a un último período presidencial en 1974. Pero para entonces ya había una considerable oposición a su gobierno por parte de un grupo rebelde conocido como el Frente Sandinista de Liberación Nacional. Los rebeldes derrotaron las fuerzas del gobierno en 1979 y Anastasio fue al exilio en Paraguay, donde fue asesinado en 1980.

Los sandinistas establecieron un gobierno marxista que realizó algunas reformas agrarias y ejerció un marcado control sobre gran parte de la economía. La recuperación de la guerra fue lenta, y para principios de los años ochenta ya había empezado la oposición a muchas de las políticas del gobierno. Miembros de la Guardia Nacional en el exilio, que llegaron a conocerse como "la contra" y que eran financiados en gran parte por Estados Unidos, empezaron a atacar al gobierno desde Honduras. El líder sandinista, Daniel Ortega, fue elegido presidente en 1984.

El conflicto interno continuó hasta 1990, cuando los sandinistas accedieron a elecciones libres a cambio de un desarme por parte de la contra. Violeta Chamorro, la viuda del director periodístico anti-somocista quien había sido asesinado en 1978, derrotó a Ortega en las elecciones de 1990. En 1996 Ortega se lanzó a la presidencia otra vez, pero Arnoldo Alemán del PLC ganó las elecciones. En el 2001 Enrique Bolaños, también del PLC, ganó las elecciones. Sin embargo, el FSLN todavía desempeña un papel importante en la política nicaragüense. En las elecciones municipales de noviembre del 2004 ganaron en 88 de los 152 municipios en el país, incluso en muchas de las capitales departamentales. En Managua derrotaron a Pedro Joaquín Chamorro, candidato del PLC a la alcaldía e hijo de Violeta Chamorro.

Economía

La economía nicaragüense es básicamente agraria. La mayor parte de su producción viene de la región fértil del Pacífico. Los principales productos agrícolas son el banano, el café, el maíz, el algodón, el arroz y el ganado. Tal como en México, hay una industria maquiladora que provee empleos. Las plantas que muchas empresas extranjeras han establecido para el montaje de varios productos se llaman maquiladoras.

Después de años de planificación central del gobierno sandinista y del embargo por parte de Estados Unidos durante ese gobierno, la economía todavía no se ha recuperado. A pesar de que ha habido importantes avances en áreas como el control de la inflación, el desempleo y el subempleo siguen siendo graves problemas.

Cultura

Los nicaragüenses se llaman nicas entre sí. Uno de sus pasatiempos favoritos es discutir sobre política, lo cual disfrutan por horas. Estas discusiones tratan tanto de acontecimientos corrientes como de la historia política del país. Los nicaragüenses también son amantes de la poesía, y no es raro encontrarse con alguien que haya escrito algo de poesía. La mayoría de la población es católica, y ritos como la misa, el bautizo y la primera comunión forman parte de la vida cotidiana.

La Organización de las Naciones Unidas para la Educación, la Ciencia y la Cultura (UNESCO por su sigla en inglés) mantiene un registro de sitios, eventos y tradiciones culturales de todo el mundo. El registro incluye una lista de sitios tangibles, llamada Lista del Patrimonio Mundial, y una lista de eventos y tradiciones intangibles, llamada Lista del Patrimonio Oral e Inmaterial de la Humanidad. Para Nicaragua este registro incluye Las Ruinas de León Viejo y El Idioma, Baile y Música Garífuna, que también representa a Honduras y Belice en el registro. Los garífunas son descendientes de los caribes y de esclavos africanos, y se encuentran a lo largo de la costa atlántica en Nicaragua, Honduras y Belice.

Fiestas y Festivales

Las fiestas nacionales más importantes son la Batalla de San Jacinto, el 14 de septiembre, que celebra la primera derrota de William Walker en 1856, y el Día de la Independencia, el 15 de septiembre. En ambas fiestas hay desfiles en los que participan muchos colegios y discursos por parte de funcionarios públicos. Una fiesta nacional establecida más recientemente es la Victoria de la Revolución, el 19 de julio, que celebra la derrota de la dictadura somocista por los sandinistas. Para esta fecha vienen sandinistas de todo el país a Managua para celebrar con discursos y música, y la bandera sandinista rojinegra se ve por todas partes.

La fiesta religiosa más importante es la Inmaculada Concepción, en honor a la Virgen María, el 8 de diciembre. A la virgen también se le conoce como la Purísima y es la patrona de Nicaragua. Familiares y amigos se reúnen para rezar y cantar ante un altar de la Virgen. También preparan platos típicos, como el vigorón y el gofio, y comparten regalos. En León la celebración empieza el 7 de diciembre, en la víspera de Inmaculada Concepción, con La Gritería. El nombre se refiere a la costumbre de que cuando la gente que sale a ver los altares que ponen en muchas casas, grita "¿Quién causa tanta alegría?," los dueños contestan "La Concepción de María."

León es famosa por su celebración de Semana Santa, durante la cual hay procesiones solemnes en las que la gente lleva imágenes religiosas. En algunas de las calles por donde pasan las procesiones usan aserrín teñido de distintos colores para crear una alfombra con motivos religiosos. Mucha gente se va para las playas durante Semana Santa y casi toda actividad normal se paraliza.

La mayoría de las ciudades y pueblos también celebran sus fiestas patronales. Dos de ellas muy conocidas son la de San Jerónimo en Masaya, el 30 de septiembre, y la de Santo Domingo en Managua del primero al diez de agosto. En el 2000 la Asamblea Nacional nombró a Masaya como la capital del folclore nicaragüense por sus muchos festivales, tradiciones y leyendas.

La fiesta de San Jerónimo empieza toda una serie de celebraciones que duran hasta diciembre y que incluyen desfiles de gente que se viste de disfraces y máscaras, desfiles de caballos, música, danzas folclóricas y comida. Una de las danzas típicas es la del Torovenado, que tiene sus orígenes en la resistencia de los indígenas a sus conquistadores españoles. El toro representa el poder de los españoles, mientras que el vendado representa la agilidad e inteligencia indígenas. Muchas de las máscaras que usan para esta danza ridiculizan a personajes de la vida pública, especialmente los políticos.

Santo Domingo es el santo patrón de Managua. El primero de agosto la gente lleva la imagen del santo en una procesión que va desde su santuario al sur de la ciudad hasta el centro de la ciudad. Entre el primero y el diez hay desfiles, procesiones y exhibiciones ecuestres. El diez de agosto vuelven a llevar la imagen del santo en una procesión a su santuario, llamado Las Sierritas de Santo Domingo.

Las celebraciones del Palo de Mayo durante el mes de mayo en Bluefields y otros pueblos a lo largo de la costa atlántica tienen su origen en las antiguas fiestas inglesas del *maypole* para celebrar el retorno de la primavera y la fertilidad. La gente baila alrededor de un palo alto adornado con frutas y cintas sembrado en un lugar amplio.

Comida

El ingrediente más importante en la comida nicaragüense es el maíz, el cual se prepara en muchas formas diferentes. El nacatamal, que muchos consideran como el plato nacional, se hace con masa de maíz rellena con pollo o cerdo y envuelta en hojas de plátano. Otras variaciones del tamal son el tamal pisque, un pequeño tamal de masa de maíz, y el yoltamal, hecho con maíz tierno y queso. Las tortillas se sirven con muchas comidas. El indio viejo se hace de una mezcla de masa de maíz, carne de res desmechada, plátanos, tomates, cebolla y especias. Los pebres son platos preparados con masa de maíz y varios tipos de carne de animales silvestres como la tortuga y la iguana. Hay muchas variedades de atoles, todos los cuales llevan maíz y azúcar más otros ingredientes. Algunos se sirven calientes y otros fríos. El quesillo se hace con un queso blando cocido que se mezcla con crema de leche y cebolla picada y se envuelve en una tortilla. Otro plato nacional muy popular es el vaho, que consiste de carne de res, yuca, plátano maduro y verde y repollo cocido en capas separadas por hojas de plátano. Otros platos típicos son el vigorón, que es yuca cocida y chicharrón servidos con ensalada de repollo, y gallopinto, que se hace con frijoles rojos y arroz y se puede servir tanto para el desayuno como para el almuerzo o la cena. Un postre muy popular es el pío quinto—una torta sobre la cual primero se rocía una miel de agua con azúcar y después se le pone atolillo por encima. El atolillo es un dulce hecho de fécula de maíz, azúcar y especias.

Música

Así como la poesía, la música también es una gran pasión de los nicaragüenses. La guitarra española y la marimba, de origen africano, ejercen gran influencia sobre la música nicaragüense. La polka, y variaciones de ella, introducida por inmigrantes europeos, también es popular. Desde los años ochenta los hermanos Carlos y Luis Enrique Mejía Godoy han hecho un papel importante en la recolección e interpretación de la música popular nicaragüense. En la costa Atlántica se encuentra un tipo de música muy distinto, con una fuerte influencia africana y con instrumentos de percusión.

Artes y Letras

Rubén Darío, famoso poeta que vivió de 1867 a 1916, es la figura literaria más importante de Nicaragua. Es reconocido en todo el mundo como uno de los más grandes poetas de la lengua española. Darío fue el líder del Modernismo en la literatura española. Otros poetas famosos son Salomón de la Selva, Azarías Pallais y Alfonso Cortés.

RECETAS

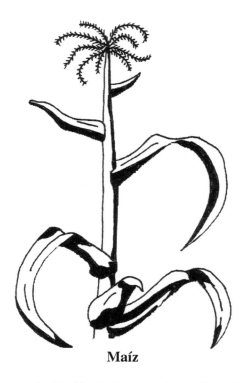

Maíz

El maíz (*Zea mays*) pertenece a la familia de las gramíneas. Los científicos creen que apareció por primera vez en México entre 7.000 y 4.000 años andes de Cristo, y que se propagó de ahí por todas las Américas, llegando a Nicaragua como 2.000 años antes de Cristo. El maíz es una planta muy valiosa ya que todas sus partes son de algún uso. El tallo y las hojas se pueden usar como alimento para el ganado y como abono. La envoltura de la mazorca se puede usar como envoltura en la preparación de varios platos, como algunos tamales, por ejemplo. La tusa sirve de tapón o para restregar, y el estigma de la mazorca se usa en algunos lugares para té medicinal. Los granos son una importante fuente de alimento no solo para los seres humanos sino también para los animales. La mazorca se puede comer entera cuando está joven y tierna. Los granos se pueden preparar de varias maneras cuando todavía están tiernos, y cuando están más maduros se pueden secar y moler para harina.

En Nicaragua el maíz tiene muchos usos. Hay más de 100 platos que se basan en él, incluyendo bebidas, sopas, platos fuertes y postres. Entre las bebidas están el tiste—una bebida ligeramente fermentada hecha de maíz molido, cacao y especias, el pinol—de maíz tostado y azúcar, el pinolillo—igual que el pinol pero con cacao y especias, y la chicha, otra bebida fermentada. La harina de maíz es un ingrediente en platos como el nacatamal y el indio viejo, y también en panes, como la tortilla. Pozole es una sopa típica, y entre los postres están el gofio y el atolillo.

Esquite

El esquite, hecho con granos de maíz tierno que se fríen en mantequilla, se puede servir como parte del almuerzo o la cena.

6 mazorcas (o elotes)*
8 cucharadas de mantequilla
6 hojas de epazote fresco, o 3–4 hojas secas*
¼ cucharadita de chile verde molido*
Jugo de 1 limón
Sal al gusto

Pele y enjuague las mazorcas. Con un cuchillo afilado corte los granos de las mazorcas bien cerca a la tusa. Caliente la mantequilla en una sartén grande sobre fuego moderado. Agregue el maíz y el epazote y cocine, revolviendo frecuentemente, hasta que los granos queden dorados. Agregue el chile molido, el jugo de limón y sal al gusto, mezcle bien y sirva.

Notas: Si no se consiguen mazorcas frescas puede usar dos paquetes de granos de maíz congelados. El epazote es una hierba que también se usa en la cocina mexicana. Se consigue fresca o seca en los mercados hispanos. Si el epazote no está disponible, use ¼ cucharadita de cilantro seco y ¼ cucharadita de orégano seco. Los chiles molidos de varios tipos se consiguen en los mercados hispanos.

Pozole

El pozole es una sopa de maíz con cerdo y pollo que se sirve con una guarnición de cebolla, lechuga y rábanos. Se puede servir sin otra cosa para el almuerzo o la cena. En México preparan un plato parecido con el mismo nombre.

        2 latas de 29 onzas de mote blanco, escurridas*
        2–3 libras de lomo de cerdo
        1 pechuga de pollo deshuesada y sin la piel
        6–8 dientes de ajo picados
        2 chiles jalapeños bien picados*
        1 cucharadita de sal
        ½ cucharadita de pimienta recién molida
        1 cucharadita de orégano
        3 tazas de lechuga picada
        1 cebolla pequeña finamente picada
        8–10 rábanos finamente cortados en tajadas

Ponga el mote blanco, la carne de cerdo, el pollo, el ajo, los chiles, la sal, la pimienta y el orégano en una olla grande y agregue suficiente agua para cubrir con unas dos pulgadas de agua. Ponga a hervir sobre fuego moderado, baje el fuego, tape la olla y siga cociendo a fuego lento por una hora.

Saque la carne de cerdo y el pollo, y cuando enfríen un poco desmenuce ambas carnes y vuelva a ponerlas en la olla sobre fuego lento por 15–20 minutos.

Ponga la lechuga, la cebolla y los rábanos en recipientes individuales. Sirva el pozole y agréguele la lechuga, cebolla y rábanos al gusto.

*Notas: El mote blanco, por ejemplo el de Goya, se consigue en algunos supermercados y en la mayoría de mercados hispanos. Puede usar jalapeños frescos o en lata o en frasco, que se consiguen en cualquier supermercado. Tenga cuidado de no tocarse la cara sin antes lavarse bien las manos después de picar los jalapeños.

Vigorón

Este plato es una ensalada de repollo que se sirve con yuca y chicharrones. Se prepara con frecuencia como parte de un bufet durante las fiestas de la Inmaculada Concepción.

        2 libras de yuca fresca o congelada*
        1 cucharadita de sal
        3 tazas de repollo finamente picado
        ½ taza de cebolla finamente picada
        1 chile jalapeño finamente picado*
        ¼ taza de vinagre
        Jugo de 2 limones
        ½ libra de chicharrones*

Si va a usar yuca congelada, siga al siguiente párrafo. Si va a usar yuca fresca, corte los tubérculos en pedazos de 3–4 pulgadas. A medida que va pelando los pedazos córtelos por la mitad a lo largo y póngalos en agua fría para que no se descoloren.

Use una olla grande suficiente para cubrir la yuca (fresca o congelada) con unas dos pulgadas de agua. Agregue la sal, ponga a hervir la olla a fuego entre moderado y alto, baje el fuego y siga cociendo a fuego lento, con la olla parcialmente tapada, por unos 20 minutos, hasta que la yuca esté blanda. Cuele la yuca y vuelva a poner al fuego por unos 2–3 minutos para eliminar cuanta humedad sea posible sin quemar la yuca.

Cuando se enfríe lo suficiente para manejarla, córtela en cuartos a lo largo y sáquele la fibra que lleva en el centro.

Ponga el repollo, la cebolla, el chile jalapeño, el vinagre y el jugo de limón en un tazón y mézclelos bien.

Para servir, ponga la yuca en los platos, ponga el repollo sobre la yuca y rocíe los chicharrones sobre el repollo.

*Notas: La yuca congelada se puede comprar en muchos supermercados. Si no se encuentra en el supermercado, se puede comprar en la mayoría de los mercados hispanos. Vea el Capítulo 6 para instrucciones de cómo pelar la yuca. Puede usar jalapeños frescos o en lata o en frasco, que se consiguen en cualquier supermercado. Tenga cuidado de no tocarse la cara sin antes lavarse bien las manos después de picar los jalapeños. En algunos mercados hispanos venden chicharrones frescos por libra, los cuales se pueden recalentar en un horno de microondas. Otra opción es comprar una o dos bolsitas de chicharrones que también se consiguen en los mercados hispanos. Una tercera opción es usar media libra de tocino (tocineta) en lonjas gruesas, cortadas en tiras de ½ pulgada y fritas hasta que queden bien crocantes.

Salpicón

El salpicón es una ensalada de rosbif que se puede servir para una cena ligera, acompañado de tajadas de plátano maduro y tortillas.

2 libras de lomo de res para rosbif cocidas y picadas*
1 cebolla grande bien picada
1 pimiento verde bien picado
¼ taza de aceite de oliva
Jugo de 2 limones
Sal y pimienta recién molida al gusto

Ponga la carne picada, la cebolla y el pimentón en un tazón. Mezcle el aceite de oliva, el jugo de limón, la sal y pimienta y agregue esta mezcla a la carne. Mezcle todo bien y refrigere por varias horas antes de servir. Sirva con tajadas de pan como el pan francés o italiano, o con arroz blanco.

*Notas: Puede usar un rosbif que ya se ha preparado anteriormente, o puede cocer un pedazo de carne de 2–3 libras, como un *top round roast*, en una olla con una cebolla picada y varios dientes de ajo por unas 2 horas. Deje que la carne se enfríe un poco y píquela.

VOCABULARIO (Palabras derivadas del inglés)

Generalmente aceptadas	*De uso popular o Spanglish*
Boicot—boycott	Closet—closet
Boxeador—boxer	Cloche—clutch
Estándar—standard	Lonchera—lunchbox

PARA EMPEZAR A APRENDER

Estos son algunos ejemplos de tareas y proyectos que se pueden usar para que los alumnos aprendan más sobre Nicaragua (vea el Apéndice A para otras tareas y proyectos):

1. Pídales a los alumnos que investiguen la historia de William Walker y el papel que desempeñó en la historia nicaragüense y entonces guíe una discusión sobre Walker en clase. La discusión debe incluir su experiencia militar en Estados Unidos, las condiciones en Nicaragua que lo llevaron a la presidencia, las razones por las cuales los nicaragüenses se volvieron en su contra, cómo fue derrotado, sus intentos de volver, dónde y cómo fue capturado, y su juicio y ejecución.

2. Pídales a los alumnos que investiguen la historia de los ingleses en Nicaragua en la región de la costa atlántica y entonces guíe una discusión en clase sobre este tema. La discusión debe incluir las relaciones que los ingleses establecieron con los indígenas de la región, sus asentamientos, el uso de la región como punto de partida para los ataques contra la flota española en el Caribe y contra el Fuerte de la Inmaculada Concepción en el Río San Juan, y el uso del inglés hoy en día en la región, especialmente en las ciudades como Bluefields.

3. Pídales a los alumnos, individualmente o en grupos, que investiguen y presenten informes sobre la importancia del maíz en la mitología de las civilizaciones amerindias, como la azteca, la maya, la inca y la guaraní. Los informes pueden centrarse en los ritos alrededor del maíz, las deidades asociadas con el maíz, y las leyendas sobre el origen del maíz.

MÁS OPORTUNIDADES PARA APRENDER

Los siguientes tópicos se pueden usar como temas para discusiones en clase o como tareas para proyectos de investigación que se pueden adaptar para varios cursos.

Geografía y Clima

- Lago de Nicaragua

- Las partes y etapas de un volcán

- La ruta de tránsito usada durante la fiebre del oro de California

- El terremoto de 1972

- La formación de las isletas en el Lago de Nicaragua

Gobierno

- Similitudes y diferencias de estructuras gubernamentales entre Nicaragua y Estados Unidos
- La Alianza Liberal
- El actual papel del Frente Sandinista de Liberación Nacional
- Las diferentes formas de gobierno usadas por los españoles, por ejemplo, la Audiencia, la Capitanía, el Virreinato
- La dictadura de Somoza—su implantación, estructura y derrota

Historia

- Las huellas de Acahualinca
- El escándalo Irán-Contra
- Intervenciones abiertas de Estados Unidos—Nicaragua (1912), República Dominicana (1965)
- Intervenciones cubiertas de Estados Unidos—Guatemala (años 50), Chile (años 70), Nicaragua (años 80)
- La fortaleza de la Inmaculada Concepción sobre el Río San Juan
- El dominio británico en la costa Atlántica

Economía

- El tabaco
- La industria maquiladora
- La ganadería

Cultura

- La fiesta de La Purísima, en honor a la Virgen María
- Rubén Darío
- La obra de teatro El güegüense
- La cerámica de San Juan de Oriente

LECTURAS

Para más información y otras lecturas vea el Apéndice B.

Malone, Michael R. *A Nicaraguan Family*. **1998. Cursos 4–7.**
Una familia sale de Nicaragua para Miami en 1979.

RECURSOS EN LA INTERNET

Vea el Apéndice C para otros recursos generales.

www.presidencia.gob.ni	Página oficial de la presidencia
www.bcn.gob.ni	Página del Banco Central de Nicaragua
www.upoli.edu.ni	Universidad Politécnica de Nicaragua
www.unanleon.edu.ni	Universidad Nacional Autónoma de Nicaragua
www.laprensa.com.ni	Página de *La Prensa,* uno de los principales periódicos nacionales
www.elnuevodiario.com.ni	Página de *El Nuevo Diario,* otro periódico importante
www.enicaragua.net	Información general sobre Nicaragua
www.cia.gov/cia/publications/factbook/geos/nu.html	World Factbook, el libro mundial de datos de la CIA—Nicaragua
www.lanic.utexas.edu/la/ca/Nicaragua	Página sobre Nicaragua del Latin American Network Information Center de la University of Texas
www.loc.gov/rr/international/portals.html	Página de la Library of Congress con información sobre países
www.countryreports.org	Información general sobre Nicaragua
www.gksoft.com/govt/en/world.html	Contiene enlaces a sitios oficiales de Nicaragua en la Internet

Chapter 6A

Colombia

GENERAL INFORMATION

Colombia, the northernmost country on the South American subcontinent, borders five other countries—Panamá on the west, Venezuela on the east, Brazil on the southeast, and Perú and Ecuador on the south. Colombia measures 439,736 square miles (1,138,910 square kilometers) in size, or about the size of California and Texas combined. The fourth largest country in South America, Colombia is the only country in South America with coasts on both the Atlantic (Caribbean Sea) and Pacific Oceans.

The national symbols are the flag, which was adopted in 1819, and the coat of arms, created in 1834. The three horizontal bands are yellow, blue, and red. Other national emblems, taken from nature, are the condor, the largest flying bird in the world; the orchid; and the Quindío palm, the tallest palm in the world.

The official currency is the peso.

According to the 2000 U.S. Census there are approximately 470,000 people of Colombian descent in the United States.

Geography and Climate

Colombia's diverse geography ranges from coastal plains, desert lands, and tropical jungles to plains, plateaus, and mountains. Some mountain peaks reach as high as 18,947 feet (5,775 meters) and are permanently covered with snow. For comparison, the tallest mountain in North America is Mount McKinley in Alaska, at 20,320 feet (6,194 meters). The two tallest peaks, Cristóbal Colón and Simón Bolívar, are located in the north of the country, in the Sierra Nevada de Santa Marta. The Sierra Nevada is a massif (a mountainous mass broken up into separate peaks) that rises in the lowlands very near the Caribbean Sea coastline. The equator runs through the southern portion of the country.

This geographic diversity results in a wide range of temperatures, from below freezing in the mountains to 80°F (27°C) in the lowlands. However, since the country is located at the equator, there are practically no seasonal variations in temperature throughout the year. In most areas a rainy season called *invierno* (in-**ve-ehr**-noh), or winter, occurs from March through June, alternating with a dry season, called *verano* (veh-**rah**-noh), or summer.

The Andes Mountains dominate a large part of the geography of the country. They form three mountain ranges running through the center of the country from the southwest to the northeast, called the Cordillera Occidental, Cordillera Central, and Cordillera Oriental. The other major geographic regions are:

- The Caribbean region in the north and northwest
- The Pacific region in the west
- The valley of the Magdalena River, which runs between the Cordillera Central and the Cordillera Oriental
- The plateaus in the south
- The Amazon jungle in the south and southeast
- The plains in the east

Some scientists say that this geographic diversity is due to plate tectonics (the theory that the surface of the Earth is made up of 20 plates that move over the mantle and cause the formation of mountains). The three tectonic plates involved are the Caribbean, the Nazca, and the South American plates.

Earthquakes and volcanic activity are fairly common in the center of the country. In 1999 there was a major earthquake in the coffee-growing region. There are many volcanoes in the Cordillera Central and the Cordillera Occidental. One of the most destructive volcanoes is the Nevado del Ruiz, which erupted in 1985 and caused very significant damage and loss of life. More than 23,000 people died, most of them in the town of Armero. In 2004 the Galeras volcano in the south of the country had several minor eruptions.

Of the many rivers in Colombia, the main one is the Magdalena River, which starts in the Cordillera Central in the south of the country and flows north for 925 miles (1,543 kilometers) to the Caribbean Sea. The three major rivers of South America—the Putumayo, the Amazon, and the Orinoco—form parts of the borders with Ecuador, Perú, and Venezuela. Other important rivers in the country include the Caquetá, Guaviare, Meta, Atrato, Vaupés, and San Juan.

Colombia also has many islands. The most important are San Andrés, Providencia, and Santa Catalina. These islands, along with some smaller islands known as keys, form an archipelago. (An archipelago is a group of islands. The Hawaiian Islands are an archipelago.) This archipelago, located in the Caribbean Sea about 450 miles (750 kilometers) northeast from the mainland and 175 miles (290 kilometers) off the coast of Nicaragua, is the source of a diplomatic dispute between Colombia and Nicaragua. Another archipelago, Gorgona and Gorgonilla, is off the Pacific coast.

Population

Approximately 40 million people live in Colombia. Colombia is the third most populous country in South America. The population is made up of three races—Indian, white, and black—and mixes of the three. Over 50 percent of the population is of mixed origin.

The Indian population numbers approximately 500,000. Three broad linguistic groups are represented in the population—the Carib in the north, the Chibcha in the central region, and the Tupí Guaraní in the south. Many tribes and subgroups are included in these three groups. Most of the purely Indian population today is found in the central part of the country and in the Amazon region.

Most of the white population in Colombia is descended from the Spanish conquistadors, although immigrants from many other countries are also represented. Caucasians, who constitute approximately 40 percent of the population, can be found throughout the country.

The black population is descended from the slaves brought from Africa by the Spanish during the colonial period. Most of the blacks, who comprise approximately 5 percent of the population, reside along the Caribbean and the Pacific coasts.

Around 70 percent of the Colombian population lives in urban areas. Approximately one-quarter of the population lives in one of the four largest cities—Bogotá, Cali, Medellín, or Barranquilla.

Government

Colombia, a republic like the United States, has a constitution that has been revised several times. The latest constitution was written in 1991. The official name of the country is República de Colombia. Three branches make up the government—the executive, the legislative, and the judicial. The president is elected for a four-year term and currently cannot be reelected. The legislative branch consists of two houses—the Senate and the Chamber of Representatives. Senators and representatives are elected for four-year terms. The judicial branch consists of a Supreme Court, the Constitutional Court, the Council of State, and regional and local courts.

The country is made up of 32 departments (states) and the capital district, where the capital, Bogotá, is located. Each department has a governor and an assembly of deputies, both elected for four-year terms. Every department is made up of municipalities, which have a mayor and a council that are elected for four-year terms.

The Liberal Party and the Conservative Party have dominated Colombian politics since their creation in 1848 and 1849, respectively. Rivalry between these two parties has been the cause of much violence throughout the history of Colombia.

History

The history of what is now Colombia falls into three periods: the period before the arrival of the Spanish, the Spanish colonial period, and the period after independence.

Precolonial Period

Anthropologists believe that humans already inhabited the region that is now Colombia as early as 12,000 B.C.E. One of the most important cultures living in the region was the Chibcha. Others include the Sinú, Tairona, Muisca, Guajira, and Huitota. The Chibchas controlled most of the central part of what is now Colombia. Frequently there were wars between some of the groups within the Chibchas. The name Bogotá derives from Bacatá, the name of one of these groups. The handiwork of the Chibchas, excellent goldsmiths, gave rise to the legend of El Dorado.

Colonial Period

Spanish explorers began arriving shortly after Christopher Columbus's journeys to the Americas. Three important cities were soon founded. Santa Marta, on the Caribbean coast, founded in 1525, is the oldest permanent Spanish settlement in South America. Cartagena de Indias, also on the Caribbean coast, was founded in 1533. In 1536, Gonzalo Jiménez de Quesada led an expedition into the interior, conquered the Chibchas, and went on to found the city of Bogotá in 1538.

The Spanish conquest of the region led to the founding of the New Kingdom of Granada, made up of lands that have now become Colombia, Venezuela, Ecuador, and Panamá. By 1550 the Spanish had established a strong central government with Bogotá as the capital. During the next 250 years this government took various forms, including the Real Audiencia, the Presidencia, and the Virreinato. These forms of government, which represented a distant European king, soon caused discontent in the colony. Corruption, abuse of power, and excessive taxes spread throughout the country.

Early in the nineteenth century Spain and France went to war with England. This war weakened Spain, and in 1808 France invaded Spain, naming Napoleon's brother as king. Some of the Spanish colonies in the Americas took the opportunity to declare their independence. In Bogotá they did so on July 20, 1810.

The war for independence lasted nine years, with armies of the colonists led by Simón Bolívar. On August 7, 1819, Simón Bolívar defeated the Spanish army at the Battle of Boyacá. Bolívar became president of what had been the New Kingdom of Granada and was now called La Gran Colombia, which included Colombia, Venezuela, Ecuador, and Panamá.

Postcolonial Period

A turbulent period followed the gaining of independence. Some colonists preferred a strong central government, while others wanted a federal system similar to the one in the United States. Regional conflicts also developed. By 1830 La Gran Colombia had ceased to exist, and both Venezuela and Ecuador became separate nations. Much later, in 1903, Panamá seceded with the help of the United States. The United States wanted to build a canal between the Atlantic and Pacific Oceans, and they decided to do this in the Isthmus of Panamá.

The proponents of a strong central government eventually formed the Conservative Party. Those who preferred a federalist government formed the Liberal Party. Conflicts between these two parties have run throughout much of Colombian history. Often these conflicts have led to violence and wars. The Conservatives won the War of a Thousand Days, which lasted from 1899 to 1902. In 1948 major fighting between the two parties broke out again. The period from 1948 to 1953 was known as *La Violencia* (lah veeoh-**lehn**-ceeah). It ended with a coup d'état in 1953. (Coup d'état is a commonly used French term that literally means "blow or strike of state" and refers to a military takeover of a civilian government.) Military rule ended in May 1957, when the two parties agreed to form the Frente Nacional and alternate the presidency between them for 16 years.

Today there is still no real peace in Colombia. Various leftist guerrilla groups have been fighting against the government for over 40 years. Rightist paramilitary groups fight the guerrillas. The conflict is fueled by illegal activities such as drug trafficking, which has become a major business in Colombia. Both the guerrillas and the paramilitary groups use it to help finance their operations. The two major guerrilla groups are the FARC (Fuerzas Armadas Revolucionarias de Colombia) and the ELN (Ejército de Liberación Nacional). The paramilitary groups are known as the AUC (Autodefensas Unidas de Colombia). The current president, Álvaro Uribe, has taken very strong steps against the guerrillas and the paramilitary groups. Colombians have given him a very high approval rating. He was elected in 2002, and in 2004 Congress passed a law, which still has to be approved by the Constitutional Court, that allows the president to be reelected.

Economy

The Colombian economy is still largely agricultural. Key exports include coffee, bananas, and flowers. Other major crops include cotton, rice, cacao, beans, sorghum, corn, numerous fruit varieties, and sugarcane. Cattle ranching is a major industry on the eastern plains.

Mining is also a major contributor to economic activity. Colombia produces most of the world's emeralds. It also has rich deposits of coal, gold, salt, and iron ore. And although not nearly the size of Venezuela's, Colombia's petroleum exports are a major source of income.

In addition, Colombia has a thriving textiles and clothing industry. Fishing, lumber, leather products, and chemical products also contribute to economic activity.

Culture

Colombia is a very culturally diverse country. The very clearly defined geographic contrasts and the ethnic groups that make up the population have produced a variety of regional customs, foods, music, and dance. For example, there is a marked contrast between people living along the Caribbean coast and those living in the interior. Those living along the coast are known as *costeños* (cohs-**teh**-nyohs). People living in the department of Cundinamarca and its surroundings are known as *cachacos* (cah-**chah**-cohs), and those living in the department of Antioquia are known as *paisas* (**paih**-sahs). In general, *costeños* are happy and outgoing, while *cachacos* are more formal and reserved. *Paisas* are known for their business skills.

The United Nations Educational, Scientific and Cultural Organization (UNESCO) maintains a registry of cultural sites, events, and traditions from around the world. The registry includes a list of tangible places, called the UN World Heritage List, and a list of intangible events and traditions, called the List of the Intangible Heritage of Humanity. For Colombia the registry includes the cities of Cartagena de Indias and Santa Cruz de Mompóx, as well as the Carnival of Barranquilla.

Feasts and Festivals

Colombians enjoy many national, religious, and popular feasts and festivals. Key national celebrations are Independence Day on July 20 and the Battle of Boyacá on August 7. In Cartagena there is a regional independence celebration on November 11 to commemorate its own declaration of independence from Spain in 1811. The festivities in Cartagena go on for several days and include the national beauty pageant.

Colombia is about 90 percent Catholic, and there are many religious celebrations. Some of the more famous are Holy Week in Popayán and Mompóx. The focus of the celebrations in Popayán and Mompóx are the processions held on several days before Easter Sunday, during which people bear large and heavy platforms with images and scenes of the Passion of Christ. It is considered an honor, often hereditary, to be a bearer during these processions. Bearers wear robes of the same color. In Popayán children dress as members of the clergy and carry platforms with flowers of different colors. Each color is associated with a saint. In Mompóx, where the celebration of Holy Week goes back to the middle of the seventeenth century, the bearers move slowly through narrow streets by taking two steps forward and one step back. Each procession takes eight to nine hours.

There are also many festivals dedicated to the Virgin Mary. These include the feasts of the Virgen del Carmen in July in several cities and the Virgen de la Candelaria in Cartagena in February. In the town of El Carmen de Apicalá, named after the virgin, there is a very solemn procession, with images of the virgin decorated with many flowers, on July 16. The Virgen de la Candelaria is the patroness of Cartagena. Between the last week of January and February 2 the people of Cartagena celebrate a novena, nine days of devotion in honor of the virgin. The festivities start with parades, including many horses, that go through part of the city and end at the foot of the hill where the monastery of La Popa, dedicated to the virgin, is located. During the nine days many people climb up the hill on foot to pray to the virgin. The celebrations end with a procession, during which the image of the virgin is carried down from La Popa to a chapel at the foot of the hill.

The patroness of Colombia is Nuestra Señora del Rosario, the Virgin of Chiquinquirá. According to the legend, a portrait of the virgin that a Spaniard had painted for the founder of Chiquinquirá and that had been badly damaged was miraculously restored to its original condition in 1586. The Catholic Church proclaimed her the patroness of Colombia in 1919. Her portrait is now in the Basilica of Chiquinquirá, and Colombians observe her feast on July 9 with pilgrimages to the basilica.

For Christmas many Colombians like to set up manger scenes, called *pesebres* (peh-**seh**-brehs), in their homes. Some of them can be very elaborate and take days to set up. On Christmas Eve they put the baby Jesus in the crib. The *pesebre* stays in place until the Epiphany on January 6.

Major popular festivals include the Carnaval de Barranquilla, the fairs in Cali and in Manizales, and the Carnaval de Blancos y Negros in Pasto. The carnival celebrations in Barranquilla go back to 1875, and they are almost as famous as the ones in Rio de Janeiro in Brazil. In Barranquilla the celebrations start officially on January 20 with a special proclamation and end the day before Ash Wednesday with the symbolic burial of Joselito Carnaval, the character who embodies carnival. Throughout this time there are dances in many neighborhoods and parties in private clubs, and people practice for the marches that take place during the last four days of carnival. The real celebrations start with the *Batalla de Flores* (bah-**tah**-yah de **floh**-rehs) on the Saturday before Lent. The Batalla de Flores dates back to 1903, when the city, which had suspended carnival celebrations during the War of the Thousand Days, decided to celebrate carnival again and to have a battle of flowers, instead of a battle of lead. There are parades with floats decorated with flowers, and people dressed in many different costumes and masks march through the streets interpreting several different dances. Many masks represent African animals. King Momo, the king of the carnival, leads one of the parades.

The Carnaval de Blancos y Negros has nothing to do with traditional carnival celebrations. It takes place from January 4 through January 6 and originated with a request from African slaves in colonial times to have one day during the year when they could rest and celebrate. There are parades and many displays of arts and crafts. On January 5, the day of the blacks, many people blacken their faces for the festivities, while on January 6, the day of the whites, they paint their faces white.

There are also many local festivals, which often include bullfights and beauty pageants. Most of these festivals are based on the patron saints of the individual cities and towns. Throughout Latin America these festivals are known as *fiestas patronales* (**fiehs**-tahs pah-troh-**nah**-lehs).

Food

Just as there are many regional festivals, there are also many regional dishes in Colombia. Corn is a key ingredient in many dishes. The *arepa (ah-**reh**-pah)*, a corn pancake, has many variations in different parts of the country. A popular dish on both the Atlantic and the Pacific coasts is *sancocho (sahn-**coh**-choh)*, a stew that can be based on fish or beef, chicken or pork, with many variations within each type. Around Bogotá *ajiaco* (ah-**heah**-coh), a soup made with chicken, various types of potatoes, corn, cream, avocado, and herbs and spices, is very popular. In the department of Antioquia bean dishes are popular. The *bandeja paisa* (bahn-**deh**-hah **paih**-sah) from this region includes beans, white rice, green and ripe plantains, fried eggs, pork cracklings, and arepas. *Carne asada (**car**-neh ah-**sah**-thah)*, beef cooked over charcoal, is popular across the country. Other meats, including pork, lamb, and goat, are roasted in various parts of the country. Favorite drinks include *aguadepanela* (**ah**-gwah-deh-pah-**neh**-lah), a drink made from raw sugar and lemon; and juices made from various fruits, including *corozo* (coh-**roh**-soh), *mango* (**mahn**-goh), *tamarindo* (tah-mah-**reen**-doh), *curuba* (coo-**roo**-bah), *maracuyá* (mah-rah-coo-**yah**), and *ciruela* (cee-**rooeh**-lah). Colombians enjoy many desserts, such as *bocadillo* (boh-cah-**thee**-yoh) and *casquitos de guayaba* (cahs-**kee**-tohs deh gwah-**yah**-bah), both made from guavas, as well as *arequipe* (ah-reh-**kee**-peh), made from milk and sugar; *arroz de leche* (ah-**rrohs** deh **leh**-cheh), rice with coconut milk; and many types of *dulces* (**dool**-cehs) made from different fruits.

Music

Music and dance, usually with corresponding traditional dress, vary across the country. In the interior the most popular musical forms are the *bambuco* (bahm-**boo**-coh) and the *guabina* (gwah-**be**-nah). Along the Atlantic coast there are the *cumbia* (**coom**-beah), the *porro* (**poh**-rroh), and the *vallenato* (vah-yeh-**nah**-toh). Other musical types include the *currulao* (coo-rroo-**lah**-oh) along the Pacific coast and the *joropo* (hoh-**roh**-poh) on the eastern plains. The *bolero* (boh-**leh**-roh), although it did not originate in Colombia, is popular in many parts of the country. The popular music of Shakira, Carlos Vives, and Juanes is known around the world.

Arts and Letters

Colombia has several famous figures in literature and the arts. Two very important ones are Gabriel García Márquez, author of *One Hundred Years of Solitude*, and Fernando Botero, a sculptor and painter. García Márquez won the Nobel Prize for literature in 1982. Some of Botero's sculptures have been exhibited in many public places in the United States, including Park Avenue in New York in 1993, Chicago's Grant Park in 1994, and Washington, D.C., in 1996. Some of his works are part of the permanent collections in the sculpture gardens of various museums, including the New Orleans Museum of Art and the Birmingham Museum of Art. His paintings can also be found in many museums around the world.

RECIPES

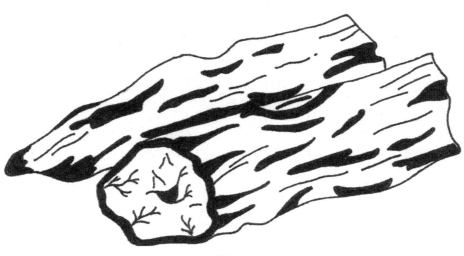

Yuca

Yuca (*Manihot esculenta*), a starchy tuber, is grown in practically all the lowland regions of Colombia. Its common name in English is cassava. It is not to be confused with yucca (genus *Yucca*), which is a member of the agave family. Other common names include manioc and mandioca. In Colombia the word *casabe* (cah-**sah**-beh), from which the English word cassava derives, refers to a thin pancake made of coarse flour from yuca and frequently eaten for breakfast.

Yuca is most commonly boiled. Sometimes it is served with butter or something that is like sour cream but more liquid and not quite as sour, sometimes called *suero* (**sweh**-roh). It is also frequently included in *sancocho* (sahn-**coh**-choh), a stew with many variations. Boiled yuca can also be cut lengthwise into long slices, which are then fried and served like French fries. Yuca can also be used to make a dough that is used in *carimañolas* (cah-ree-mah-**nyoh**-lahs), stuffed yuca fritters. It is even used in some dessert dishes, such as *enyucado* (ehn-yoo-**cah**-thoh). Extremely starchy, yuca easily takes on the flavor of anything served with it.

To peel yuca, cut the tuber into pieces about three to four inches long. Stand each piece upright and with a sharp knife cut the peeling off in strips by placing the knife just inside the part where the peeling meets the flesh and pushing the knife downward. Put the peeled yuca in a pot of cold water so it will not discolor.

Yuca frita (**Yoo-cah-Free-**tah)

These fried yuca sticks can be eaten like potato chips as a snack, or they can be served as the starch component of a complete lunch or dinner.

> 2 pounds fresh or frozen yuca*
> 1 teaspoon salt

If using frozen yuca, proceed to the next paragraph. If using fresh yuca, follow the instructions above to peel the yuca.

Use a pot large enough to cover the yuca (fresh or frozen) with about 2 inches of water. Add 1 teaspoon salt, bring to a boil over moderate heat, and then simmer, partially covered, for about 20 minutes, until it is soft. Drain and put back on the burner for 2–3 minutes to eliminate as much of the moisture as possible without letting the yuca burn.

When the yuca is cool enough to handle, cut into quarters lengthwise and remove the fiber in the center. Put ½ inch of vegetable oil in a large skillet and heat the oil over medium high heat. Put as many slices as will fit into the skillet with enough room to turn them. Fry the slices 2–3 minutes on each side until golden brown.

Drain on paper towel and salt lightly.

Notes: Frozen yuca can be found in many grocery stores. If it is not available in the grocery store, it can be found in most Hispanic stores.

Pan de yuca (pahn de **yoo-cah**)

(Yuca Rolls)

These very light rolls are crispy on the outside and very soft on the inside. They are best served fresh, while they are still warm.

> 2 cups of mild white Latin American cheese,* such as Paisano brand, finely grated
> 2 cups yuca starch,* sifted
> 2 eggs
> 1 tablespoon butter, softened
> 2 teaspoons baking powder
> ¼ cup milk

Mix all the ingredients except the milk. Add the milk a little at a time to just moisten the ingredients enough to hold together and make a dough. Knead for about 5 minutes until the dough is soft and can be easily handled. Form into 12–15 half-moon shaped rolls about 2–3 inches long. Put on a buttered baking sheet and bake in a 400°F (205°C) oven for 15–20 minutes, until golden brown.

Notes: The cheese and the yuca starch can be found in most Hispanic stores. The cheese is similar to a dry farmer's cheese (the kind that is sold in a solid loaf, not the softer cottage cheese). In many Hispanic stores you can buy a prepared mix for a similar dish called *pandebono* (pahn-de-**boh**-noh). Follow the directions on the box.

Ajiaco

(Chicken, Potato, and Cream Soup)

Ajiaco is a very rich and creamy soup that is usually served as a complete meal for lunch. It is a traditional dish in the area around Bogotá, and is often called *ajiaco bogotano*.

4 (10½ oz.) cans low sodium chicken broth
1 cup milk
2 pounds new potatoes, peeled and sliced about ½ inch thick
2 pounds russet potatoes, peeled and sliced about ½ inch thick
2 pounds yellow potatoes, peeled and sliced about ½ inch thick
3 pounds skinless, boneless chicken breasts
2 bunches green onions, sliced
8–10 garlic cloves, chopped
Salt and fresh ground pepper to taste
4 ears of yellow corn, cut into thirds, or 1 package (12 pieces) frozen corn on the cob

For the garnish:

2 cups heavy cream
1 small jar (3½ oz.) capers
2–3 ripe avocados, peeled and sliced*

Mix all the soup ingredients in a large pot and bring to a boil over moderate heat. Reduce heat, cover, and simmer for 30 minutes.

Take out the chicken and let the soup continue to simmer. When the chicken is cool enough to handle, shred it or cut it into small pieces. Return the chicken to the pot and continue to simmer for 10–15 minutes, until some of the potatoes begin to disintegrate and thicken the soup. Serve the soup and add the garnish to taste.

Notes: See Chapter 1 for instructions on how to peel an avocado.

Frijoles antioqueños
(free-**hoh**-lehs ahn-teeoh-**keh**-nyohs)

(Beans Cooked in the Style of Antioquia)

This dish can be served as a main course, accompanied by *arepas*, but it is more commonly served as part of a *bandeja paisa*, which is described above.

2 pounds red kidney beans*
1 green plantain,* peeled and broken into small pieces
1 teaspoon salt

For the *hogao* (oh-**gah**-oh):
½ pound thick-sliced bacon, cut into ½ inch strips
2 cups onion, chopped
4 large tomatoes, chopped
Salt and fresh ground pepper to taste

Clean and wash the beans. Put in a large pot and add water to cover, plus 2 cups. Soak for about 8 hours. Drain the beans, then add fresh water to cover, plus 2 cups. Add plantain and bring to a boil over moderate heat. Reduce the heat to low, cover, and cook for about 2 hours. If necessary, add more water. Once the beans are soft, add salt and continue cooking uncovered over low heat until they thicken, about 1 hour.

While the beans are cooking, prepare the hogao. Put the bacon in a large skillet and cook over moderate heat until golden and crispy. Remove the bacon and set aside. Keep about 2 tablespoons of the bacon grease in the skillet and cook the onions over moderate heat for about 5 minutes, stirring frequently. Add the tomatoes, salt, and pepper and continue cooking for about 15 minutes, stirring frequently.

Put the beans on a serving platter with some of the liquid, pour the hogao over the beans, and sprinkle the bacon over them.

*Notes: To simplify the recipe, you can either cook the beans in a pressure cooker for about 45 minutes or use two large cans (19 oz.) of kidney beans, drained and heated in a little of their liquid. See Chapter 4 for instructions on how to peel a plantain.

VOCABULARY (Words Derived from Spanish)

Alligator—from el lagarto, the lizard

Lasso—from lazo, rope

Nevada—a snowstorm, or snow-covered

Patio—courtyard

Ranch—from rancho

Savvy—from saber, to know

LEARNING LAUNCH

Following are some examples of assignments and projects that may be used to help students learn more about Colombia (see Appendix A for additional assignments).

1. Have the students (either individually or in groups) research and report on the building of the Panamá Canal. Subjects that should be covered include the origins of the idea for a canal across Central America, possible routes that were considered for the canal, the connection between the canal and the creation of the Republic of Panamá, the early efforts of a French company to build the canal, how the canal was actually built (how long it took, how many people were involved, what challenges had to be overcome), and the return of the canal to Panamanian control.

2. Lead a class discussion of the armed conflict that has been going on in Colombia for the past 40 years. Subjects that should be covered include the history of each of the three major armed groups involved (FARC, ELN, and AUC), their early sources of financing, their move into the drug trade as a source of financing, the major areas controlled by each group, their tactics, the efforts of the current government to end the fighting, the role of the United States in the conflict (as a source of military aid, as one of the major markets for drugs, as a leader in the fight against terrorism, as a place where Colombians involved in illegal activities can be brought to justice

under its extradition agreements with Colombia), and the role of various nongovernmental organizations (NGOs) in the conflict.

3.   Read the poem "Eldorado" by Edgar Allan Poe in class, and ask the students to present a report on the legend of El Dorado and on the Spanish explorers who dedicated themselves to the search for it. Or have a class discussion about this search and that for the fountain of youth, to which some Spanish explorers also dedicated themselves, among them Juan Ponce de León, in what is now the state of Florida.

MORE LEARNING OPPORTUNITIES

The following topics may be used as subjects for class discussion or as assignments for research projects that can be tailored to particular grade levels.

Geography and Climate

- Plate tectonics
- Archipelago
- Andes Mountains
- Geographic formations such as volcano, plateau, massif, isthmus, etc.
- Diplomatic dispute with Nicaragua over the archipelago of San Andrés, Providencia, and Santa Catalina (treaties, international law, maritime law)

Government

- Similarities and differences between government structures of Colombia and the United States
- Alberto Lleras Camargo
- Álvaro Uribe
- Frente Nacional

History

- Indian tribes of Colombia
- Simón Bolívar
- Independence struggles throughout the Americas
- The Spanish explorers and the Spanish conquest
- Antonio Nariño, the Jefferson of Colombia
- Narcoterrorism

Economy

- Coffee—origins, varieties, and agriculture
- Emeralds

- Coal
- Petroleum

Culture

- Different feasts in honor of the Virgin Mary
- The origins and traditions of the carnival
- Comparison and origins of musical forms

READING LIST

See Appendix B for additional information and readings.

Cameron, Sara. *Out of War: True Stories from the Front Lines.* **2001. Grades 7+.**
Nine stories written by children in the Children's Movement for Peace in Colombia.

Jenkins, Lyll Becerra de. *Celebrating the Hero.* **1993. Grades 7–10.**
A girl discovers that heroes are not always what they seem.

Jenkins, Lyll Becerra de. *So Loud a Silence.* **1996. Grades 7–10.**
A boy visiting a family ranch is caught up in the struggle between soldiers and guerrillas.

INTERNET RESOURCES

See Appendix C for a list of additional general resources.

www.presidencia.gov.co	Official site of the presidency—Casa de Nariño
www.gobiernoenlinea.gov.co	Portal to all the government entities
www.igac.gov.co	Instituto Geográfico Agustín Codazzi—official geographic institute
www.banrep.gov.co/museo/	Museo del Oro—the gold museum in Bogotá
www.lablaa.org	Biblioteca Luis Angel Arango—one of the major libraries in Bogotá
www.eltiempo.com	Web site of *El Tiempo,* the major national newspaper
www.semana.com	Web site of the national newsweekly magazine
www.cia.gov/cia/publications/factbook/geos/co.html	The CIA's World Factbook—Colombia
www.lanic.utexas.edu/la/colombia	Colombia page of the Web site of the Latin American Network Information Center at the University of Texas
www.loc.gov/rr/international/portals.html	The Library of Congress country information
www.countryreports.org	General information about Colombia

www.gksoft.com/govt/en/world.html	Contains links to many official sites about Colombia
www.colombiaemb.org	Web site of the Colombian embassy in Washington
www.caracol.com.co	Major Colombian radio network on the Internet
www.colombiaaprende.edu.co	An educational portal from the Ministry of Education, with links to other educational sites

Capítulo 6B

Colombia

INFORMACIÓN GENERAL

Colombia es el primer país en el norte del subcontinente suramericano. Tiene fronteras con Panamá en el oeste, Venezuela en el este, Brasil en el sureste y Perú y Ecuador en el sur. El territorio colombiano es de 439.736 millas cuadradas (1.141.748 kilómetros cuadrados), o sea que es más o menos del mismo tamaño de los estados de California y Texas. Es el cuarto país más grande en Suramérica. Es el único país en Suramérica con costas en el Océano Atlántico (Mar Caribe) y en el Océano Pacífico.

Los símbolos nacionales son la bandera, que fue creada en 1819, y el escudo, que viene de 1834. La bandera tiene tres franjas horizontales de color amarillo, azul y rojo. Otros emblemas nacionales, que vienen de la naturaleza, son el cóndor, el ave voladora más grande del mundo, la orquídea y la palma de cera del Quindío, la palma más alta del mundo.

La moneda oficial es el peso.

Según el censo del 2000 hay aproximadamente 470.000 personas de descendencia colombiana en Estados Unidos.

Geografía y Clima

La geografía de Colombia es bien diversa. Incluye las planicies de las costas, tierras desérticas, selvas tropicales, llanos, mesetas y montañas. Algunos picos en las montañas llegan hasta una altura de 18.974 pies (5.775 metros) y están permanentemente cubiertos de nieve. Se pueden comparar con el pico más alto en Norteamérica, Mt. McKinley en Alaska, con una elevación de 20.320 pies (6.194 metros). Los dos picos más altos, llamados Cristóbal Colón y Simón Bolívar, se encuentran en el norte del país, en la Sierra Nevada de Santa Marta. La Sierra Nevada es un macizo (una masa montañosa que consiste de picos separados) que se levanta de las tierras bajas al borde de la costa del Mar Caribe. La Línea Ecuatorial pasa por la parte sur del país.

Esta diversidad geográfica produce una gran variedad de temperaturas, desde bajo el punto de congelación en las montañas hasta 80° F (27° C) en las tierras bajas. Sin embargo, ya que el país se encuentra al nivel de la Línea Ecuatorial, prácticamente no existen variaciones de temperaturas durante el año. En la mayor parte del país hay una temporada de lluvia (de marzo a junio), llamada invierno, y una temporada de sequía, llamada verano.

La Cordillera de los Andes domina gran parte de la geografía del país. La cordillera se divide en tres cordilleras que pasan por el centro del país del suroeste al nordeste, llamadas Cordillera Occidental, Cordillera Central y Cordillera Oriental. Las otras grandes regiones geográficas son:

- La región de Caribe en el norte y noroeste
- La región del Pacífico en el oeste
- El valle del Río Magdalena, que se encuentra entre la Cordillera Central y la Oriental
- Las mesetas en el sur
- La selva amazónica en el sur y sureste
- Los llanos en el este

Algunos científicos creen que esta diversidad geográfica se debe a las placas tectónicas (la teoría según la cual la superficie de la tierra se conforma de veinte placas que se mueven sobre el manto y causan la formación de montañas). Las tres placas tectónicas involucradas son la del Caribe, la de Nazca y la de Suramérica.

Los terremotos y actividades volcánicas son bastante comunes en el centro del país. En 1999 hubo un gran terremoto en la región cafetalera. En la Cordillera Central y la Occidental hay bastantes volcanes. Uno de los más destructivos es el Nevado del Ruiz, el cual explotó en 1985 y causó grandes daños y pérdida de vidas. Más de 23.000 personas perecieron, la mayoría de ellos en el pueblo de Armero. En el 2004 el volcán Galeras, en el sur del país, tuvo varias erupciones menores.

De los muchos ríos que tiene Colombia, el río principal es el Magdalena, el cual empieza en la Cordillera Central en el sur del país y fluye hacia el norte recorriendo 925 millas (1.543 kilómetros) hasta el Mar Caribe. Tres de los más grandes ríos en Suramérica—el Putumayo, el Amazonas y el Orinoco—conforman partes de las fronteras con Ecuador, Perú y Venezuela. Otros grandes ríos son el Caquetá, Guaviare, Meta, Atrato, Vaupés y San Juan.

El territorio colombiano también incluye muchas islas. Las más importantes son San Andrés, Providencia y Santa Catalina. Estas islas, junto con varias más pequeñas llamadas cayos, hacen parte de un archipiélago. Un archipiélago es un grupo de islas. Las islas de Hawaii en Estados Unidos son un archipiélago. El archipiélago de San Andrés se encuentra en el Mar Caribe, aproximadamente 450 millas (750 kilómetros) al noroeste de la Costa Atlántica y a 175 millas (290 kilómetros) de la costa nicaragüense. Este archipiélago es motivo de un litigio diplomático entre Colombia y Nicaragua. El archipiélago de Gorgona y Gorgonilla se encuentra frente a la Costa Pacífica.

Población

Colombia tiene aproximadamente 40 millones de habitantes. La población consiste de tres razas—india, blanca y negra—y de mezclas de las tres. Más del 50 por ciento de la población es de origen mixto.

La población indígena es de aproximadamente 500.000 personas. Tres grupos lingüísticos están representados en la población—el Caribe en el norte, el Chibcha en la región central, y el Tupí Guaraní en el sur. Dentro de estos tres grupos hay muchas tribus y grupos menores. La mayor parte de la población puramente indígena se encuentra en el centro del país y en las selvas de la región amazónica.

La población blanca desciende de los conquistadores españoles, aunque inmigrantes de muchos otros países también están representados. Aproximadamente el 40% de la población es blanca y se encuentran por todo el país.

La población negra es descendiente de los esclavos que los españoles trajeron del África durante la colonia. Aproximadamente el 5% de la población es negra. La mayoría se encuentra en las costas del Caribe y del Pacífico.

Alrededor del 70% de la población colombiana se encuentra en áreas urbanas. Aproximadamente una cuarta parte de la población vive en las cuatro ciudades más grandes—Bogotá, Cali, Medellín y Barranquilla.

Gobierno

Colombia es una república, como Estados Unidos, y tiene una constitución que ha sido modificada varias veces. La constitución actual fue escrita en 1991. El nombre oficial del país es República de Colombia. El gobierno está dividido en tres poderes—el Ejecutivo, el Legislativo, y el Judicial. El presidente es elegido por un período de cuatro años y actualmente no puede ser reelegido. El poder legislativo consiste de dos cámaras—el Senado y la Cámara de Representantes. El período de senadores y representantes es de cuatro años. El poder judicial está conformado por la Corte Suprema de Justicia, la Corte Constitucional, el Consejo de Estado, y cortes regionales y locales.

El país está dividido en 32 departamentos y el Distrito Capital, en el cual queda la capital, Bogotá. Cada departamento tiene un gobernador y una asamblea de diputados, ambos elegidos por períodos de cuatro años. Cada departamento se conforma de municipios, los cuales tienen un alcalde y un concejo, elegidos popularmente por un período de cuatro años.

El Partido Liberal y el Partido Conservador, fundados en 1848 y 1849 respectivamente, dominan la política en Colombia. La rivalidad entre los partidos ha causado mucha violencia a lo largo de la historia colombiana.

Historia

La historia colombiana se puede dividir en tres períodos: el período antes de la llegada de los españoles, el período colonial español, y el período después de la independencia.

Período Precolonial

Los antropólogos creen que la región que hoy es Colombia ya estaba poblada 12.000 años antes de Cristo. Una de las culturas más importantes de la región era la chibcha. Otras culturas presentes incluyen la sinú, tairona, muisca, guajira y huitota. Los chibchas dominaban gran parte de la región central de lo que ahora es Colombia. Con frecuencia había guerras entre varios de los grupos chibchas. El nombre de Bogotá viene de Bacatá, el nombre de uno de estos grupos. Los chibchas eran excelentes orfebres, y su trabajo dio origen a la leyenda de El Dorado.

Período Colonial

Los exploradores españoles empezaron a llegar a Colombia un poco después de los viajes de Cristóbal Colón a América. Tres ciudades importantes fueron fundadas dentro de poco tiempo. Santa Marta, en la costa del Caribe, fue fundada en 1525. Es la población permanente más antigua de Suramérica. Cartagena de Indias, también en la costa del Caribe, fue fundada en 1533. En 1536 Gonzalo Jiménez de Quesada condujo una expedición de Santa Marta al interior, conquistó a los chibchas, y fundó la ciudad de Bogotá en 1538.

La conquista española de la región llevó a la fundación del Nuevo Reino de Granada, conformado por lo que ahora son Colombia, Venezuela, Ecuador y Panamá. Para 1550 los españoles habían establecido un fuerte gobierno central con Bogotá como capital. Durante los siguientes 250 años hubo varias formas de gobierno, como son la Real Audiencia, la Presidencia y el Virreinato. Estos gobiernos, que representaban a un rey lejano, pronto causaron descontento en la colonia. La corrupción, el abuso del poder e impuestos excesivos eran comunes.

A principios del siglo diecinueve hubo una guerra de España y Francia contra Inglaterra. Esta guerra debilitó a España y en 1808 Francia decidió invadir a España y nombrar al hermano de Napoleón como rey de España. Algunas de las colonias españolas en América tomaron esta oportunidad para declarar su independencia. Eso hicieron en el Nuevo Reino de Granada en Bogotá el 20 de julio de 1810.

La guerra de independencia duró nueve años. Simón Bolívar estuvo al mando de los ejércitos coloniales. El 7 de agosto de 1819 Simón Bolívar derrotó al ejército español en la Batalla de Boyacá. Bolívar fue el presidente de lo que había sido el Nuevo Reino de Granada y que llegó a llamarse La Gran Colombia, que consistía de Colombia, Venezuela, Ecuador y Panamá.

Período Poscolonial

El período inmediatamente después de la independencia fue turbulento. Algunos de los colonos preferían un gobierno central fuerte mientras que otros querían un sistema federal parecido al que tenían en Estados Unidos. También hubo muchos conflictos regionales. La Gran Colombia dejó de existir para 1830, cuando Venezuela y Ecuador se separaron de ella. Mucho más tarde, en 1903, Panamá se separó con la ayuda de Estados Unidos. Estados Unidos quería construir un canal entre el Océano Atlántico y el Pacífico, y decidió hacerlo en el Istmo de Panamá.

Los proponentes de un gobierno central fuerte finalmente formaron el Partido Conservador. Los que preferían un gobierno federal formaron el Partido Liberal. Los conflictos entre estos dos partidos han dominado gran parte de la historia colombiana. Estos conflictos han resultado en violencia y guerras. Los Conservadores ganaron la Guerra de los Mil Días, que duró de 1899 a 1902. En 1948 estalló nuevamente el conflicto armado entre los dos partidos. Al período de 1948 a 1953 se le llama La Violencia. Terminó con un golpe de estado en 1953. El gobierno militar duró hasta mayo de 1957, cuando los dos partidos acordaron formar el Frente Nacional y alternar la presidencia entre ellos por dieciséis años.

Hoy en día todavía no hay paz en Colombia. Varios grupos guerrilleros de izquierda han estado combatiendo al gobierno por más de 40 años. Grupos paramilitares de derecha combaten a las guerrillas. El conflicto se alimenta de actividades ilegales. El tráfico de drogas se ha convertido en un negocio importante en Colombia. Tanto las guerrillas como los grupos paramilitares lo usan para financiar sus operaciones. Los dos grupos guerrilleros principales son las FARC (Fuerzas Armadas Revolucionarias de Colombia) y el ELN (Ejército de Liberación Nacional). Los grupos paramilitares se llaman las AUC (Autodefensas Unidas de Colombia). El actual presidente, Álvaro Uribe, ha tomado pasos fuertes contra los grupos guerrilleros y paramilitares. Los colombianos le han dado un alto grado de aprobación. Uribe fue elegido en el 2002 y en el 2004 el Congreso aprobó una ley, la cual todavía tiene que ser aprobada por la Corte Constitucional, que permite la reelección del presidente.

Economía

La economía colombiana es básicamente agrícola. El café, bananos y flores son importantes exportaciones. Otras importantes cosechas incluyen el algodón, el arroz, el cacao, el sorgo, los frijoles, una gran variedad de frutas y la caña de azúcar. La ganadería es una importante industria en los llanos orientales.

La minería también contribuye a la actividad económica. Aunque no llegan al tamaño de las de Venezuela, las exportaciones petroleras de Colombia son otra fuente importante de ingresos. Las esmeraldas, el oro y el carbón son otros productos importantes de la industria minera.

Colombia también tiene una fuerte industria textil y de confección. La pesca, la madera, y los productos de cuero y químicos también contribuyen a la actividad económica.

Cultura

Colombia tiene una cultura muy diversa. Los claros contrastes geográficos y las razas que forman la población han dado lugar a variadas costumbres, comidas, música y bailes regionales. Por ejemplo, hay un contraste marcado entre la gente que vive a lo largo de la Costa Atlántica y aquellos que viven en el interior. A los que viven en la costa se les llama costeños. A los que viven en el departamento de Cundinamarca y sus alrededores se les dice cachacos, y a los que viven en el departamento de Antioquia se les dice paisas. Por lo general los costeños son alegres y sociables, mientras que los cachacos son reservados y formales. Los paisas son conocidos por buenos negociantes.

La Organización de las Naciones Unidas para la Educación, la Ciencia y la Cultura (UNESCO por su sigla en inglés) mantiene un registro de sitios, eventos y tradiciones culturales de todo el mundo. El registro incluye una lista de sitios tangibles, llamada Lista del Patrimonio Mundial, y una lista de eventos y tradiciones intangibles, llamada Lista del Patrimonio Oral e Inmaterial de la Humanidad. Para Colombia este registro incluye las ciudades de Cartagena de Indias y Santa Cruz de Mompóx y también el Carnaval de Barranquilla.

Fiestas y Festivales

Los colombianos disfrutan de muchas fiestas y festivales nacionales, religiosos y populares. Las fiestas nacionales más importantes son la Independencia, el 20 de julio, y la Batalla de Boyacá, el 7 de agosto. En Cartagena de Indias hay una celebración regional de independencia el 11 de noviembre para conmemorar su propia declaración de independencia de España en 1811. Esta celebración dura varios días e incluye el reinado nacional de belleza.

La mayoría de los colombianos son católicos y celebran muchas fiestas religiosas. Entre las más famosas está la Semana Santa en Popayán y Mompóx. El foco de las celebraciones en Popayán y Mompóx son las procesiones que tienen lugar durante varios días antes del Domingo de Pascuas, en las cuales la gente carga unas plataformas grandes y pesadas con imágenes de la Pasión de Cristo. Ser carguero en estas procesiones es un honor y muchas veces esa función es hereditaria. Los cargueros visten mantos de un mismo color. En Popayán los niños se visten de miembros del clero y cargan plataformas llenas de flores de distintos colores, cada uno de los cuales está asociado con un santo. En Mompóx las fiestas de Semana Santa datan de mediados del siglo diecisiete. Los cargueros van despacio por las calles angostas tomando dos pasos hacia delante y uno hacia atrás. Cada procesión dura de ocho a nueve horas.

También hay muchas fiestas dedicadas a la Virgen María. Estas incluyen la fiesta de la Virgen del Carmen en julio en varias ciudades y la de la Virgen de la Candelaria en Cartagena en febrero. En el pueblo de El Carmen de Apicalá, así nombrado en honor a la virgen, el 16 de julio hay una procesión muy solemne con imágenes de la virgen decoradas de flores. La Virgen de la Candelaria es la patrona de Cartagena. Entre fines de enero y el 2 de febrero la gente celebra una novena, nueve días de devoción a la virgen. Las fiestas empiezan con desfiles ecuestres que van por la ciudad y terminan al pie del cerro donde queda el monasterio de La Popa, dedicado a la virgen. Durante las fiestas mucha gente sube a pie para rezarle a la virgen. Las fiestas terminan con una procesión durante la cual bajan la imagen de la virgen desde La Popa hasta una capilla que queda al pie del cerro. La patrona de Colombia es Nuestra Señora del Rosario, la Virgen de Chiquinquirá. Según la leyenda, un retrato de la virgen que un pintor español había pintado para el fundador de la ciudad de Chiquinquirá y que se había deteriorado, volvió milagrosamente a su estado original en 1586. La Iglesia Católica nombró a la virgen como patrona de Colombia en 1919. Su retrato está en la Basílica de Chiquinquirá y los colombianos celebran su fiesta el 9 de julio con peregrinaciones a la basílica.

Para Navidad muchos colombianos ponen pesebres en sus casas. Estos pesebres pueden ser bien detallados y la gente se toma días en armarlos desde antes de Nochebuena. En Nochebuena ponen al Niño Jesús en el pesebre. El 6 de enero, el Día de la Epifanía, empiezan a guardar el pesebre.

Festivales populares importantes incluyen el Carnaval de Barranquilla, las ferias en Cali y Manizales y el Carnaval de los Blancos y Negros en Pasto. Las celebraciones del carnaval en Barranquilla datan de 1875 y son casi tan famosas como las de Río de Janeiro en Brasil. En Barranquilla las fiestas empiezan oficialmente el 20 de enero con una proclamación y terminan el día antes del Miércoles de Ceniza con el entierro simbólico de Joselito Carnaval, el personaje que es la encarnación del carnaval. Durante todo ese tiempo hay bailes en muchos de los barrios de la ciudad, fiestas en los clubes privados, y la gente practica para los desfiles que tienen lugar durante los últimos cuatro días de carnaval. Las fiestas empiezan en serio con la Batalla de Flores el sábado antes de la cuaresma. La Batalla de Flores existe desde 1903, cuando la ciudad decidió volver a celebrar el carnaval después de la Guerra de los Mil Días con una batalla de flores en vez de plomo. Ese día hay desfiles de carrozas decoradas de flores, y mucha gente vestida de disfraces y máscaras interpretan varios tipos de danzas por las calles de la ciudad. Muchas de las máscaras representan animales del África. El Rey Momo, rey del carnaval, va a la cabeza de uno de los desfiles.

El Carnaval de Blancos y Negros no tiene nada que ver con los carnavales tradicionales. Tiene lugar del 4 al 6 de enero, y su origen viene de una petición de los esclavos en los tiempos coloniales por un día durante el año para descansar y festejar. En esos días hay desfiles y exposiciones artesanales. El 5 de enero, el día de los negros, mucha gente se pinta la cara de negro para las fiestas, mientras que el 6 de enero, el día de los blancos, se la pintan de blanco.

También hay muchas fiestas locales, en las cuales muchas veces hay corridas de toros y concursos de belleza. La mayoría de estas fiestas son en honor al santo patrón de cada pueblo o ciudad. Por toda Latinoamérica estas celebraciones se llaman las fiestas patronales.

Comida

Así como hay muchas fiestas regionales, también hay muchos platos regionales. El maíz es un ingrediente clave en muchos platos. La arepa, una tortita de maíz, tiene variaciones en diferentes partes del país. Un plato popular en la Costa Atlántica y Pacífica es el sancocho, una sopa que puede tener como base pescado o carne de res, cerdo o pollo, y que tiene muchas variaciones dentro de cada tipo. En los alrededores de Bogotá el ajiaco, una sopa hecha con pollo, varios tipos de papas, mazorca, crema de leche, aguacate y hierbas y especias, es muy popular. En el departamento de Antioquia los platos preparados con frijoles son muy populares. La bandeja paisa de esta región puede incluir frijoles, arroz, plátanos verdes y maduros, huevos fritos, chicharrones y arepas. La carne asada, carne de res cocida al carbón, es popular a través de todo el país. Otras carnes, incluso el cerdo, el cordero y el cabrito, se preparan asadas en varias partes del país. Entre las bebidas favoritas están el aguadepanela, hecha con azúcar sin refinar, también llamada panela, y limón, y jugos de una variedad de frutas, incluso el corozo, el mango, el tamarindo, la curuba, el maracuyá y la ciruela. Los colombianos disfrutan de diversos postres, como el bocadillo y los casquitos de guayaba, ambos hechos con guayabas, el arequipe, hecho de leche con azúcar, el arroz de leche, hecho con leche de coco y arroz, y muchos tipos de dulces hechos de varias frutas.

Música

La música y el baile, por lo general con su traje típico correspondiente, varían a través del país. En el interior las formas musicales más populares son el bambuco y la guabina. A lo largo de la Costa Atlántica están la cumbia, el porro y el vallenato. Otros tipos de música incluyen el currulao en la Costa Pacífica y el joropo en los llanos orientales. El bolero, aunque no es de origen colombiano, es popular en muchas partes del país. La música popular de Shakira, Carlos Vives y Juanes es conocida en todo el mundo.

Artes y Letras

Colombia tiene varias figuras famosas en la literatura y el arte. Dos figuras contemporáneas muy importantes son Gabriel García Márquez, el autor de *Cien años de soledad*, y Fernando Botero, escultor y pintor. García Márquez ganó el Premio Nobel de Literatura en 1982. Las esculturas de Botero se han presentado en muchos lugares públicos en Estados Unidos, incluso Park Avenue en la ciudad de Nueva York en 1993, Grant Park en Chicago en 1994, y Washington, D.C. en 1996. Algunas de ellas forman parte de las colecciones permanentes en los jardines de esculturas de varios museos, entre ellos los de New Orleans y Birmingham. Sus pinturas también se encuentran en muchos museos en todo el mundo.

RECETAS

Yuca

La yuca (*Manihot esculenta*), un tubérculo harinoso, crece en casi todas las regiones bajas de Colombia. Su nombre común en inglés es *cassava*. No debe confundirse con *yucca*, la cual pertenece a la familia de la agave. Otros nombres comunes de esta planta son *manioc* y *mandioca*. En Colombia la palabra casabe, de la cual viene la palabra *cassava* en inglés, se refiere a una tortita delgada hecha de harina de yuca gruesa, que se come con frecuencia para el desayuno.

Por lo general la yuca se cuece en agua hirviente. A veces se sirve con mantequilla o con crema de leche agria, también llamado suero, que es una especie de *sour cream*, pero menos espesa y no tan ácida. Con frecuencia se incluye en sancocho, una sopa con muchas variaciones. La yuca cocida también se puede cortar a lo largo en tajadas largas que se fríen y se sirven como *French fries*. Con la yuca también se puede hacer una masa que se usa para hacer carimañolas, un tipo de buñuelo de yuca. También se usa para preparar algunos postres, como el enyucado. La yuca adopta fácilmente el sabor de cualquier cosa que se sirva con ella.

Para pelar la yuca, corte el tubérculo en pedazos de unas tres o cuatro pulgadas de largo. Pare cada pedazo sobre una tabla y con un cuchillo corte la cáscara en tiras poniendo el cuchillo apenas donde la cáscara toca la carne y empujando el cuchillo hacia abajo. Ponga la yuca pelada en una olla con agua fría para que no se descolore.

Yuca frita

Estos palitos de yuca frita se pueden comer como los *potato chips*, o se pueden servir como el componente harinoso de una comida completa para el almuerzo o la cena.

> 2 libras de yuca*
> 1 cucharadita de sal

Si va a usar yuca congelada, siga al siguiente párrafo. Si va a usar yuca fresca, corte los tubérculos en pedazos de 3–4 pulgadas y pélelos. A medida que va pelando los pedazos córtelos por la mitad a lo largo y póngalos en agua fría para que no se descoloren.

Use una olla grande suficiente para cubrir la yuca (fresca o congelada) con unas dos pulgadas de agua. Agregue la sal, ponga a hervir, baje el fuego y siga cociendo a fuego lento, con la olla parcialmente tapada, por unos 20 minutos, hasta que esté blanda. Cuele la yuca y vuelva a poner al fuego por unos 2–3 minutos para eliminar cuanta humedad sea posible sin quemar la yuca.

Cuando se enfríe lo suficiente para manejarla, córtela en cuartos a lo largo y sáquele la fibra que lleva en el centro.

Ponga suficiente aceite hasta que el nivel llegue como a media pulgada en una sartén grande y caliéntelo a fuego bastante alto. Ponga cuantos pedazos quepan de tal forma que se puedan voltear. Fría los pedazos por dos o tres minutos a cada lado hasta que queden dorados.

Ponga los pedazos sobre toallas de papel y agrégueles un poco de sal.

*Notas: La yuca congelada se puede comprar en muchos supermercados. Si no se encuentra en el supermercado, se puede comprar en los mercados hispanos.

Pan de yuca

Estos pancitos son crocantes por fuera y blandos y suaves por dentro. Deben de servirse recién hechos, cuando todavía están tibios.

> 2 tazas de queso blanco latinoamericano, como el de la marca Paisano,*
>   rallado bien fino
> 2 tazas de fécula de yuca,* cernidas
> 2 huevos
> 1 cucharada de mantequilla al clima
> 2 cucharaditas de polvo de hornear
> ¼ taza de leche

Mezcle bien todos los ingredientes menos la leche. Agregue la leche poco a poco, sólo para humedecer la mezcla lo suficiente para formar una masa. Amase hasta que se forme una masa suave que se pueda manejar fácilmente, unos 5 minutos. Forme 12–15 panes en forma de media luna de unas 2–3 pulgadas de largo. Ponga los panes sobre una bandeja de hornear untada con mantequilla y hornéelos a 400°F (205°C) por 15–20 minutos, hasta que queden dorados.

*Notas: El queso blanco y el almidón de yuca se consiguen en los mercados hispanos. En muchos de estos mercados también se consigue una mezcla lista para hacer unos panes parecidos llamados pandebono. Siga las instrucciones en el paquete.

Ajiaco

El ajiaco es una sopa rica y cremosa que suele servirse para el almuerzo como una comida completa. Es un plato tradicional de la región de Bogotá, y a veces se le llama ajiaco bogotano.

4 (10½ onzas) latas de caldo de pollo con bajo contenido de sodio
1 taza de leche
2 libras de papas tipo "new" peladas y cortadas en tajadas de ½ pulgada
2 libras de papas tipo "russet" peladas y cortadas en tajadas de ½ pulgada
2 libras de papas amarillas peladas y cortadas en tajadas de ½ pulgada
3 libras de pechuga de pollo deshuesadas y sin piel
2 manojos de cebolla larga (cebollín) cortados en rebanadas
8–10 dientes de ajo picados
4 mazorcas amarillas cortadas en tercios, o un paquete de mazorcas (12 pedazos) congeladas
Sal y pimienta recién molida al gusto

Para el aderezo:

2 tazas de crema de leche
1 frasco pequeño (3 ½ onzas) de alcaparras
2 o 3 aguacates maduros cortados en tajadas*

Mezcle todos los ingredientes para la sopa en una olla grande y ponga a hervir sobre fuego moderado. Baje el fuego, tape la olla y siga cociendo a fuego lento por 30 minutos.

Saque el pollo y deje la olla con la sopa sobre el fogón. Apenas el pollo se enfríe un poco desmenúcelo o córtelo en pedacitos. Vuelva a poner el pollo en la sopa y siga cociendo por unos 15 minutos, hasta que las papas empiecen a desintegrarse y a espesar la sopa.

Sirva la sopa y agregue la crema, las alcaparras y el aguacate al gusto.

Notas: Vea el Capítulo 1 para instrucciones de cómo pelar el aguacate.

Frijoles antioqueños

Este plato se puede servir como plato fuerte, acompañado de arepas, pero se sirve mas a menudo como parte de una bandeja paisa.

2 libras de frijoles rojos*
1 plátano verde,* pelado y partido en pedacitos
1 cucharadita de sal

Para el hogao:

½ libra de tocino (tocineta) en lonjas gruesas cortadas en tiras de ½ pulgada
2 tazas de cebolla picada
4 tomates grandes picados
Sal y pimienta recién molida al gusto

Limpie y lave los frijoles. Póngalos a remojar por unas 8 horas en una olla con agua suficiente para cubrirlos y 2 tazas más. Escúrralos y agregue agua suficiente para cubrirlos y dos tazas más. Agregue el plátano y ponga a hervir sobre fuego moderado. Baje el fuego y siga cociendo por unas 2 horas a fuego lento. Si es necesario agregue más agua. Cuando los frijoles estén blandos agregue la sal y siga cociendo a fuego lento sin la tapa hasta que espesen, como una hora.

Mientras los frijoles están cociendo prepare el hogao. Ponga el tocino en una sartén grande y fríalo sobre fuego moderado hasta que quede dorado y crocante. Ponga el tocino en un plato y deje 2 cucharadas de la grasa en la sartén. Agregue la cebolla y cuézala sobre fuego moderado por unos 5 minutos, revolviendo frecuentemente. Agregue los tomates, la sal y la pimienta y siga cociendo por unos 15 minutos, revolviendo frecuentemente.

Ponga los frijoles con un poco de su líquido, que en Antioquia llaman la tinta, en una bandeja, vierta el hogao sobre los frijoles y rocíe el tocino por encima.

Notas: Para simplificar la receta puede cocer los frijoles en una olla a presión por 45 minutos o puede usar 2 latas grandes (19 onzas) de frijoles rojos calentados en un poco de su líquido. Vea el Capítulo 4 para instrucciones de cómo pelar el plátano.

VOCABULARIO (Palabras derivadas del inglés)

Generalmente aceptadas	*De uso popular o Spanglish*
Estrés—stress	Chequear—to check
Líder—leader	Jonrón—homerun
Suéter—sweater	Mofle—muffler

PARA EMPEZAR A APRENDER

Estos son algunos ejemplos de tareas y proyectos que se pueden usar para que los alumnos aprendan más sobre Colombia (vea el Apéndice A para otras tareas y proyectos):

1. Pídales a los alumnos, individualmente o en grupos, que investiguen y preparen informes sobre la construcción del Canal de Panamá. Los informes deben incluir los siguientes temas: los orígenes de la idea para un canal en Centroamérica, posibles rutas que se consideraron, los vínculos entre la construcción del canal y la creación de la Republica de Panamá, los primeros esfuerzos para construir el canal por parte de una empresa francesa, cómo se realizó la construcción (cuánto tiempo duró, cuántos trabajadores participaron en la tarea, los retos que tuvieron que superar) y la entrega a Panamá del control del canal.

2. Guíe una discusión en clase sobre el conflicto armado en Colombia durante los últimos cuarenta años. Deben de tratarse los siguientes temas: la historia de los tres grupos armados involucrados en el conflicto (FARC, ELN, AUC), sus fuentes originales de financiación, el cambio al uso del tráfico de drogas para su financiación, las regiones principales del país bajo el control de cada grupo, los esfuerzos del gobierno actual para ponerle fin al conflicto, el papel de Estados Unidos en el conflicto (como fuente de ayuda militar, como uno de los principales mercados para las drogas, como líder de la lucha contra el terrorismo, como lugar donde se puede enjuiciar a los traficantes colombianos bajo sus acuerdos de extradición con Colombia) y el papel de las organizaciones no gubernamentales (ONGs) en el conflicto.

3. Lea el poema "Eldorado" de Edgar Allan Poe en clase, y pídales a los estudiantes que presenten informes sobre la leyenda de El Dorado y sobre los exploradores españoles que se dedicaron a su búsqueda. O se puede tener una discusión sobre esta búsqueda y la de la fuente de la juventud, a la cual también se dedicaron algunos de los exploradores españoles, entre ellos Juan Ponce de León en lo que hoy es el estado de Florida.

MÁS OPORTUNIDADES PARA APRENDER

Los siguientes tópicos se pueden usar como temas para discusiones en clase o como tareas para proyectos de investigación que se pueden adaptar para varios cursos.

Geografía y Clima

- Placas tectónicas
- Archipiélago
- Cordillera de los Andes
- Formaciones geográficas como volcán, meseta, macizo, etc.
- Disputa diplomática con Nicaragua sobre el archipiélago de San Andrés, Providencia y Santa Catalina (tratados, derecho internacional, derecho marítimo)

Gobierno

- Similitudes y diferencias de estructuras gubernamentales entre Colombia y Estados Unidos
- Alberto Lleras Camargo
- Álvaro Uribe
- Frente Nacional

Historia

- Tribus indígenas de Colombia
- Simón Bolívar
- Luchas de independencia por todas las Américas
- Los exploradores españoles y la conquista española
- Antonio Nariño, el Jefferson de Colombia
- Narcoterrorismo

Economía

- Café—origen, variedades y agricultura
- Esmeraldas
- Carbón
- Petróleo

Cultura

- Diferentes fiestas en honor a la Virgen María
- Los orígenes y tradiciones del carnaval
- Comparación y orígenes de formas musicales

LECTURAS

Para más información y otras lecturas vea el Apéndice B.

Cameron, Sara. *Out of War: True Stories from the Front Lines.* **2001. Cursos 7+.**
Nueve relatos escritos por niños en el Movimiento de los Niños por la Paz.

Jenkins, Lyll Becerra de. *Celebrating the Hero.* **1993. Cursos 7–10.**
Una niña descubre que los héroes no siempre son lo que parecen.

Jenkins, Lyll Becerra de. *So Loud a Silence.* **1996. Cursos 7–10.**
Un niño que visita la finca de la familia se encuentra en la lucha entre soldados y guerrilleros.

RECURSOS EN LA INTERNET

www.presidencia.gov.co	Página oficial de la presidencia—Casa de Nariño
www.gobiernoenlinea.gov.co	Portal a todas las entidades gubernamentales
www.igac.gov.co	Instituto Geográfico Agustín Codazzi—instituto geográfico oficial
www.banrep.gov.co/museo/	Museo del Oro—el museo del oro en Bogotá
www.lablaa.org	Biblioteca Luis Ángel Arango—una de las principales bibliotecas en Bogotá
www.eltiempo.com	Página de *El Tiempo,* el principal periódico nacional
www.semana.com	Página de *Semana,* la revista semanal de noticias
www.cia.gov/cia/publications/factbook/geos/co.html	World Factbook, el libro mundial de datos de la CIA—Colombia
www.colombiaemb.org	Página de la embajada colombiana en Washington
www.caracol.com.co	Principal cadena de radio colombiana en la Internet
www.lanic.utexas.edu/la/colombia	Página sobre Colombia del Latin American Network Information Center de la University of Texas
www.loc.gov/rr/international/portals.html	Página de la Library of Congress con información sobre países
www.countryreports.org	Información general sobre Colombia

www.gksoft.com/govt/en/world.html	Contiene enlaces a sitios oficiales de Colombia en la Internet
www.colombiaaprende.edu.co	Un portal educativo del Ministerio de Educación, con enlaces a otros sitios educativos

Appendix A-A

Additional Learning Opportunities

The following assignments and projects can be used in connection with any of the chapters in this book to help students learn more about these countries.

1. Have the students (either individually or in groups) research and report on the geography of the country. For example, students could draw (or download from the Internet) a map of the country and present it to the class along with world and regional maps to indicate where the country is located. In addition, students could draw or download maps of one or more of the states that make up the country and present them to the class, along with population statistics, geographic features, climatic conditions, products, local dishes, popular musical forms, and/or typical dress.

2. If there are students of Hispanic origin in the class, ask them to bring in examples of Spanglish words (there are many variations depending on national origin), then discuss word origins and derivations in class. Spanglish refers to the creative adaptation of English words into Spanish by the Hispanic community in the United States. A common example is the use of *troca* (**troh**-cah) for truck. Or ask them to report on a particular dish prepared in their home, or how they celebrate a religious or national holiday.

3. Ask the students to research and report on the preparation of a similar dish, or the use of specific ingredient across several or all of the countries represented in the book, for example, how chicken and rice is prepared, or how rice or corn is used in a dish from each country. If appropriate, students could bring such dishes from home to share in class.

4. Divide the students into groups and ask each group to research and report on the celebration of carnival in Veracruz (Mexico), Ponce (Puerto Rico), Santiago (Dominican Republic), and Barranquilla (Colombia). Reports should include the names and descriptions of some of the colorful characters typical of each celebration, the main events at each one, and descriptions of the costumes and masks. Students can bring pictures from each country and, if possible, make some of the masks from papier-mâché in class or at home.

Apéndice A-B

Más Oportunidades para Aprender

Estas tareas y proyectos se pueden usar con cualquiera de los capítulos del libro para que los alumnos aprendan más sobre estos países:

1. Pídales a los alumnos (individualmente o en grupos) que investiguen y presenten un informe sobre la geografía del país. Por ejemplo, los alumnos pueden dibujar (o descargar de la Internet) un mapa del país y presentarlo en clase, junto con un mapamundi y mapas regionales para indicar dónde queda el país. Además, los alumnos pueden dibujar o descargar mapas de uno o varios de los estados que conforman el país y presentarlos en clase, junto con estadísticas de población, rasgos geográficos, condiciones climáticas, productos, platos típicos locales, formas de música popular y/o traje típico.

2. Si hay alumnos de origen latino en la clase, pídales que traigan ejemplos de palabras en Spanglish (hay muchas variaciones dependiendo de la nacionalidad), y discuta los orígenes y las derivaciones de las palabras en clase. Spanglish se refiere a la adaptación creativa de palabras en inglés al español por la comunidad hispana en Estados Unidos. Un ejemplo común es el uso de *troca* para referirse a *truck*. O pídales que presenten un informe sobre algún plato que preparan en su casa, o cómo celebran alguna fiesta religiosa o nacional.

3. Pídales a los alumnos que investiguen y presenten un informe sobre un plato parecido, o el uso de algún ingrediente específico, a través de varios o todos de los países incluidos en el libro. Por ejemplo, cómo se prepara el arroz con pollo, o cómo se usa el arroz o el maíz en un plato de cada país. Si es apropiado, los alumnos podrían traer estos platos de su casa para compartirlos en clase.

4. Forme cuatro grupos de alumnos y pídale a cada grupo que investigue y presente un informe sobre cómo se celebra el carnaval en Veracruz (México), Ponce (Puerto Rico), Santiago (República Dominicana) y Barranquilla (Colombia). Los informes deben incluir los nombres y descripciones de los personajes típicos de cada carnaval, los eventos principales en cada uno, y descripciones de los disfraces y las máscaras. Los alumnos pueden traer fotos de cada país, y si es posible, pueden construir algunas de las máscaras en clase o en sus casas usando papier-mâché.

Appendix B-A

Additional Information and Reading

Additional information on books for children and young adults is available at the following Web sites:

www.csusm.edu/csb
> The site of the Barahona Center for the Study of Books in Spanish for Children and Adolescents at the California State University in San Marcos.

www.uwm.edu/dept/clacs
> The site of the Center for Latin American and Caribbean Studies at the University of Wisconsin, Milwaukee. The center is in charge of the Americas Book Award for Children's and Young Adult Literature, which is sponsored by the national Consortium of Latin American Studies Programs (CLASP).

www.asu.edu/brp
> The site of the Bilingual Review/Press of the Arizona State University. Publisher of books by Hispanics in the United States as well as the *Bilingual Review/La Revista Bilingüe,* which contains book reviews, articles on bilingual education, and creative literature.

The following books are about Hispanic culture in general:

Alvarez, Julia. *Finding Miracles.* **2004. Grades 7–12.**
> An adopted girl from a Central American country explores her heritage.

Bierhorst, John, ed. *Latin American Folktales. Stories from Hispanic and Indian Traditions.* **2002. Grades 7+.**
> A collection of folktales.

Carlson, Lori M., ed. *Cool Salsa: Bilingual Poems on Growing Up Latino in the United States.* **1994. Grades 8+.**
> Experiences of growing up Latino in the United States.

Carlson, Lori M., ed. *Red Hot Salsa: Bilingual Poems on Being Young and Latino in the United States.* **2005. Grades 8+.**
> Additional experiences of growing up Latino in the United States.

Delacre, Lulu. *Salsa Stories.* **2000. Grades 4–7.**
> Celebrations in a Latino home.

Poey, Delia, and Virgil Suarez, eds. *Iguana Dreams: New Latino Fiction.* **1992. Grades 7–12.**
> An anthology of works by 29 Latino writers in the United States.

Apéndice B-B

Información Adicional y Otras Lecturas

Más información sobre libros para niños y adolescentes está disponible en las siguientes páginas de la Internet:

www.csusm.edu/csb
La página del Centro Barahona para el Estudio de Libros Infantiles y Juveniles en Español de la California State University en San Marcos.

www.uwm.edu/dept/clacs
La página del Centro para Estudios Latinoamericanos y del Caribe en la University of Wisconsin en Milwaukee. El centro está encargado del Premio Américas de Literatura para Niños y Adolescentes, el cual es patrocinado por el Consorcio de Programas de Estudios Latinoamericanos (CLASP por su sigla en inglés).

www.asu.edu/brp
La página del Bilingual Review/Press de la Arizona State University. Editorial que publica libros escritos por hispanos en Estados Unidos y también la Bilingual Review/La Revista Bilingüe, que contiene reseñas de libros, artículos sobre la educacion bilingüe y literatura.

Los siguientes libros tratan de la cultura hispana en general:

Alvarez, Julia. *Finding Miracles*. **2004. Cursos 7–12.**
Una niña adoptiva de un país centroamericano explora su patrimonio.

Bierhorst, John, ed. *Latin American Folktales. Stories from Hispanic and Indian Traditions.* **2002. Cursos 7+.**
Una colección de cuentos.

Carlson, Lori M., ed. *Cool Salsa: Bilingual Poems on Growing Up Latino in the United States.* **1994. Cursos 8+.**
Experiencias de latinos criados en Estados Unidos.

Carlson, Lori M., ed. *Red Hot Salsa: Bilingual Poems on Being Young and Latino in the United States.* **2005. Cursos 8+.**
Más experiencias de latinos criados en Estados Unidos.

Delacre, Lulu. *Salsa Stories*. **2000. Cursos 4–7.**
Celebraciones en un hogar latino.

Poey, Delia y Virgil Suarez, eds. *Iguana Dreams: New Latino Fiction.* **1992. Cursos 7–12.**
Una antología de obras de 29 escritores hispanos en Estados Unidos.

161

Santiago, Esmeralda, ed. *Las Christmas: Favorite Latino Authors Share Their Holiday Memories*. **1998. También disponible en español con el título** *Las Christmas: escritores latinos recuerdan las tradiciones navideñas*. **Cursos 8+.**
Una colección de recuerdos de fiestas navideñas latinoamericanas.

Stavans, Ilan, ed. *Wáchale! Poetry and Prose about Growing Up Latino in America*. **2001. Cursos 5–9.**
Una colección bilingüe de relatos, cuentos y poemas.

Sullivan, Charles, ed. *Here Is My Kingdom: Hispanic-American Literature and Art for Young People*. **1994. Cursos 7+.**
Una colección de literatura y arte que representa muchas de las culturas que conforman el patrimonio hispano-americano.

Appendix C-A

Additional Resources

www.oas.org	Site of the Organization of American States (OAS)
www.elnuevoherald.com	Hispanic newspaper published in Miami
www.diariosrumbo.com	Bilingual Hispanic newspaper published in Texas
www.washingtonhispanic.com	Hispanic newspaper published in Washington, D.C.
www.laraza.com	Hispanic newspaper published in Chicago
www.wsj.com/americas	Spanish publication of *The Wall Street Journal*
www.nclr.org	Site of the National Council of La Raza (NCLR), a Hispanic organization in the United States representing the interests of the Hispanic community
www.lulac.org	Site of the League of United Latin American Citizens (LULAC), a Hispanic organization in the United States representing the interests of the Hispanic community
www.nd.edu/~iuplr	Site of the Inter-University Program for Latino Research at Notre Dame University, a consortium of 18 Latino research centers

Apéndice C-B

Recursos Adicionales

www.oas.org	Página de la Organización de Estados Americanos (OEA)
www.elnuevoherald.com	Periódico hispano publicado en Miami
www.diariosrumbo.com	Periódico hispano bilingüe publicado en Texas
www.washingtonhispanic.com	Periódico hispano publicado en Washington, D.C.
www.laraza.com	Periódico hispano publicado en Chicago
www.wsj.com/Americas	Publicación en español del *Wall Street Journal*
www.nclr.org	Página del National Council of La Raza (NCLR), una organización que representa los intereses de la comunidad hispana en Estados Unidos
www.lulac.org	Página de la League of United Latin American Citizens (LULAC), una organización que representa los intereses de la comunidad hispana en Estados Unidos
www.nd.edu/~iuplr	Página del Inter-University Program for Latino Research en la Universidad de Notre Dame, un consorcio de 18 centros de investigación de asuntos latinos

Appendix D

Bilingual Cook's List of Terms and Ingredients

ENGLISH

to add	agregar, añadir
to arrange	poner, arreglar, decorar
avocado	aguacate
bacon	tocineta, tocino
bake	hornear, cocer en el horno
baking powder	polvo de hornear
baking soda	bicarbonato de soda
to baste	rociar, bañar
bay leaf	laurel
beans	frijoles
beef	carne de res
boil	hervir
boiling point	punto de ebullición
bone	hueso
to bone	deshuesar
bowl	taza, tazón
bread	pan
to bread	apanar
breakfast	desayuno
broth	caldo
to brown	dorar
browned	dorado
butter	mantequilla
to butter	untar con mantequilla, enmantequillar
buttermilk	suero de leche
cabbage	repollo, col
cake	pastel, ponqué, bizcocho
capers	alcaparras
carrot	zanahoria
to carve	cortar, tajar
cheese	queso
chicken	pollo
chicken breast	pechuga de pollo
chicken broth	caldo de pollo

chili pepper	chile, ají
to chill	refrigerar
to chop	picar
cinnamon	canela
cloves	clavos de olor
clove of garlic	diente de ajo
coconut	coco
to combine	combinar
condensed milk	leche condensada
cook	cocinero
to cook	cocer, cocinar
cookie	galleta
cool	enfriar
coriander	cilantro
corn	maíz
cover	cubrir, tapar
cream	crema, nata
to cream	cremar
crispy	crocante, tostadito
cumin	comino
dash	chorrito
dessert	postre
to dice	cortar en cuadritos
dill	eneldo
dinner	cena
dip	salsa (para acompañar pasabocas)
dish	plato
dough	masa
to drain	escurrir
dressing	aliño, aderezo
dried	seco
to dry	secar
egg	huevo
egg white	clara de huevo
egg yolk	yema
filling	relleno
finely	finamente, en trozos menudos (pequeños)
fish	pescado
to flatten	aplanar, aplastar
flavor	sabor
flour	harina
foam	espuma
foamy	espumoso
to fold	doblar
to fold into	incorporar
fork	tenedor
fruit	fruta
to fry	freír
to fry lightly	sofreír
frying pan	sartén

garlic	ajo
garnish	guarnición
to garnish	adornar, decorar
ginger	gengibre
golden	dorado
gradually	lentamente
grated	rallado
grater	rallador
grease	grasa
to grease	engrasar, untar con grasa
green bell pepper	pimiento verde
green beans	habichuelas
green onion	cebollín, cebolla verde
ground	molido
grill	asador
to grill	asar a la parrilla
to grind	moler
guava	guayaba
handful	puñado
to halve	dividir en dos
to heat	calentar
herb	hierba
high heat	fuego fuerte
honey	miel
ice	hielo
ingredients	ingredientes
juice	jugo
knife	cuchillo
ladle	cucharón
lard	manteca
leaf	hoja
lemon	limón
lentils	lentejas
lettuce	lechuga
lid	tapa
lime	lima
low heat	fuego lento
lunch	almuerzo
main course	plato principal, plato fuerte
to marinate	marinar, adobar
to mash	machacar, hacer puré, triturar
measuring cup	taza para medir
measuring spoon	cuchara para medir
meat	carne
medium heat	fuego medio
to melt	derretir
melted	derretido
milk	leche
to mince	picar
mint	menta
to mix	mezclar

mix, mixture	mezcla
mixer	batidora
mixing bowl	tazón
moderate heat	fuego moderado
molasses	melaza
mushroom	champiñón
mustard	mostaza
nutmeg	nuez moscada
oil	aceite
to oil	untar con aceite
onion	cebolla
olive	aceituna
olive oil	aceite de oliva
orange	naranja
oven	horno
ounce	onza
pan	cacerola, cazuela
paper towel	toalla de papel
parsley	perejil
peas	arvejas, guisantes
to peel	pelar
peeled	pelado
pepper	pimienta
pinch	pizca
pineapple	piña
plantain	plátano
plate	plato
pork	cerdo
pork crackling	chicharrón
pot	olla
potato	papa, patata
pound	libra
to pour	verter
puree	puré
to puree	hacer puré
radish	rábano
raw	crudo
recipe	receta
red bell pepper	pimiento rojo
to reduce	reducir
to refrigerate	refrigerar
refrigerator	refrigerador, nevera
to remove	quitar
to rest	reposar
rice	arroz
rind	cáscara
to rinse	juagar con agua
ripe	maduro
roast	carne para asar
to roast	asar
rosemary	romero

sage	salvia
salt	sal
sauce	salsa
saucepan	cacerola, cazuela
to sauté	saltear
scallion	cebollín
seafood	mariscos
to season	sazonar, adobar
seasoning	sazón, adobo
seeds	semillas
sieve	cedazo, colador
to shred	desmechar
to sift	cerner
to simmer	cocer a fuego lento
to slice	cortar en lonjas (tajadas)
to slice thinly	cortar en lonjas (tajadas) finas
sliced	en lonjas (tajadas)
slotted spoon	espumadera
to smear	untar
to soak	remojar
sour cream	crema (nata) ágria
soup	sopa
spicy	picante
spoon	cuchara
sprig	ramita
to sprinkle	salpicar, rociar
to squeeze	exprimir
stalk	tallo
starch	fécula
steam	vapor
to steam	cocer al vapor
stew	estofado, guiso
to stew	guisar, cocer a fuego lento
to stir	revolver
stock	caldo
to strain	colar
strips	tiras, tiritas
to stuff	rellenar
stuffed	relleno
stuffing	relleno
sugar	azúcar
sweet	dulce
to sweeten	endulzar
sweet and sour	agridulce
sweet corn	maíz tierno
sweet potato	boniato, batata
syrup	almíbar, siropa
tablespoon (amount)	cucharada
tarragon	estragón
taste	sabor

to taste	probar, soborear
teaspoon (amount)	cucharadita
tender	tierno
thick	espeso
to thicken	espesar
thoroughly	completamente
thyme	tomillo
toasted	tostado
tomato	tomate
to toss	mezclar
to trickle	chorrear
to trim	cortar
to turn	voltear
vanilla	vainilla
vegetables	verduras, vegetales
vinegar	vinagre
to warm	calentar
warm (adj)	tibio
to wash	lavar
to whisk	batir
yolk	yema
zest	cáscara rallada

ESPAÑOL

aceite	oil
aceite de oliva	olive oil
aceituna	olive
adobar	to marinate, to season
adobo	marinade, seasoning
agregar	to add
agridulce	sweet and sour
agrio	sour
agua de coco	coconut milk
aguacate	avocado
ají	chili pepper
ajo	garlic
albahaca	basil
alcaparras	capers
aliño	dressing, seasoning
almíbar	syrup
almuerzo	lunch
añadir	to add
apanar	to bread
apio	celery
aplastar, aplanar	to flatten
arroz	rice
arvejas	peas
asar	to roast
azúcar	sugar

bañar	to baste
batata	sweet potato
batir	to beat, to whisk
bicarbonato de soda	baking soda
bizcocho	cake
boniato, batata	sweet potato
budín/pudín	pudding
cacerola	casserole
caldo	broth, stock
calentar	to heat, to warm
canela	cinnamon
carne	meat
carne de res	beef
carne para asar	roast
cáscara	rind
cáscara rallada	zest
cazuela	casserole
cebolla	onion
cebollín	scallion
cedazo	sieve
cena	dinner
cerdo	pork
cerner	to sift
champiñón	mushroom
chicharrón	pork crackling
chile	chili pepper
chocolate	chocolate
chorrito	dash
cilantro	coriander
clara de huevo	egg white
cocer	to cook
cocer al vapor	to steam
cocinar	to cook
cocinero	cook
coco	coconut
col	cabbage
colador	sieve
colar	to strain
combinar	to combine
comino	cumin
condimentar	to season
condimento	seasoning, condiment
cortar	to cut, to trim
cortar en cuadritos	to dice
cortar en lonjas (tajadas)	to slice
cortar en lonjas (tajadas) finas	to slice thinly
crema	cream
cremar	to cream
crudo	raw
crocante	crispy
cubrir	to cover

cuchara	spoon
cucharada	tablespoon (amount)
cucharita	teaspoon
cucharadita	teaspoon (amount)
cucharón	ladle
cuchillo	knife
decorar	to arrange, to garnish
derretido	melted
derretir	to melt
desayuno	breakfast
deshuesar	to bone
desmechar	to shred
diente de ajo	garlic clove
dividir en dos	to halve
doblar	to fold
dorado	golden, browned
dorar	to brown
dulce	sweet
en tajadas	sliced
endulzar	sweeten
eneldo	dill
enfriar	to chill, cool
engrasado	greased
engrasar	to grease
enmantequillar	to butter
entero	whole
escurrir	to drain
espesar	to thicken
espeso	thick
espuma	foam
espumadera	slotted spoon
espumoso	foamy
estofado	stew
estragón	tarragon
exprimir	to squeeze
fécula	starch
freir	to fry
frijoles	beans
fruit	fruta
fuego fuerte	high heat
fuego medio	medium heat
fuego moderado	moderate heat
fuego lento	low heat
galleta	cookie
gengibre	ginger
grasa	grease
guarnición	garnish
guayaba	guava
guisantes	peas
guisar	to stew
guiso	stew

habichuelas	green beans
hacer puré	to puree, to mash
harina	flour
hervir	to boil
hielo	ice
hierba	herb
hoja	leaf
hornear	to bake
horno	oven
hueso	bone
huevo	egg
incorporar	to fold into
ingredientes	ingredients
jugo	juice
juagar con agua	to rinse
laurel	bay leaf
lavar	to wash
leche	milk
leche condensada	condensed milk
lechuga	lettuce
lechón	suckling pig
lentamente	gradually, slowly
lentejas	lentils
libra	pound
lima	lime
limón	lemon
lonja	slice
machacar	to mash
maíz	corn
maíz tierno	sweet corn
manteca	lard
marinar	to marinate
masa	dough
melaza	molasses
mezcla	mix, mixture
mezclar	to mix
miel	honey
moler	to grind
molido	ground
mostaza	mustard
naranja	orange
nata	cream
nevera	refrigerator
nuez moscada	nutmeg
olla	pot
onza	ounce
orégano	oregano
pan	bread
papa	potato
pastel	cake
patata	potato

pechuga de pollo	chicken breast
pelado	peeled
pelar	to peel
perejil	parsley
pescado	fish
picante	spicy
picar	to chop
pimienta	pepper
pimiento rojo	red bell pepper
pimiento verde	green bell pepper
piña	pineapple
pizca	pinch
plátano	plantain
plato	dish
plato principal/fuerte	main course
pollo	chicken
polvo de hornear	baking powder
poner	arrange
ponqué	cake
postre	dessert
pudín/budín	pudding
puñado	handful
puré	puree
queso	cheese
quitar	to remove
rábano	radish
rallado	grated
rallador	grater
ramita	sprig
receta	recipe
reducir	to reduce
refrigerador	refrigerator
rellenar	to stuff
relleno (adj.)	stuffed
relleno	stuffing, filling
remojar	to soak
repollo	cabbage
reposar	to rest
revolver	to stir
rociar	to baste, to sprinkle
romero	rosemary
sabor	taste,
saborear	to taste
sal	salt
salpicar	to sprinkle
salsa	sauce
saltear	to sauté
salvia	sage
sartén	frying pan
sazón	seasoning
sazonar	to season

secar	to dry
seco	dry, dried
semillas	seeds
sofreir	to fry lightly
sopa	soup
suero de leche	buttermilk
tajada	slice
tajar	to slice
tallo	stalk
tapa	lid
tapar	to cover
taza	cup
tazón	bowl
tenedor	fork
tibio	warm (adj)
tierno	tender
tiras, tiritas	strips
toalla de papel	paper towel
tocineta	bacon
tocino	bacon
tomate	tomato
tomillo	thyme
tostadito	crispy
tostado	toasted
triturar	to mash
untar	to smear
untar con grasa	to grease
untar con mantequilla	to butter
vapor	steam
vegetales	vegetables
verduras	vegetables
verter	to pour
vinagre	vinegar
voltear	to turn over
yema	egg yolk
zanahoria	carrot

BIBLIOGRAPHY

COOKBOOKS

Bladholm, Linda. *Latin & Caribbean Grocery Stores Demystified*. Los Angeles: Renaissance Books, 2001.

Cordova, Regina, with Emma Carrasco. *Celebración. Recipes and Traditions Celebrating Latino Family Life*. New York: Main Street Books/Doubleday, 1996.

Leonard, Jonathan Norton. *Latin American Cooking*. New York: Time-Life Books, 1970.

Novas, Himilce, and Rosemary Silva. *La Buena Mesa. La auténtica cocina latinoamericana en los Estados Unidos*. New York: Alfred A. Knopf, 1997.

———. *Latin American Cooking Across the U.S.A*. New York: Alfred A. Knopf, 1997.

Román de Zurek, Teresita. *Cartagena de Indias en la Olla. Cocina típica colombiana e internacional*. Medellín, Colombia: Editorial Bedout S.A., 1973.

von Bremzen, Anya. *Fiesta! A Celebration of Latin Hospitality*. New York: Doubleday, 1997.

Wheelock Roman, Jaime. *La Comida Nicaragüense*. Bogotá: Editorial Hispamer, 2002.

OTHER REFERENCES

Adams, Richard N., and John A. Booth. "Nicaragua." In *The World Book Encyclopedia*. Chicago: World Book, Inc., 2003.

Bayrón-Toro, Fernando. "Puerto Rico." In *The World Book Encyclopedia*. Chicago: World Book, Inc., 2003.

Brana-Shute. "Dominican Republic." In *The World Book Encyclopedia*. Chicago: World Book, Inc., 2003.

Camp, Roderic A., and James D. Riley. "Mexico." In *The World Book Encyclopedia*. Chicago: World Book, Inc., 2003.

Colombia: CultureGrams™. Orem, Utah: Millennial Star Network and Brigham Young University, 2002.

Colombia Viva. Bogotá: Casa Editorial El Tiempo, 2000.

Cuba: CultureGrams™. Orem, Utah: Millennial Star Network and Brigham Young University, 2002.

Dominican Republic: CultureGrams™. Orem, Utah: Millennial Star Network and Brigham Young University, 2002.

Foley, Erin. *Cultures of the World: Dominican Republic*. New York: Marshall Cavendish, 1995.

Kott, Jennifer. *Cultures of the World: Nicaragua*. New York: Marshall Cavendish, 1995.

Levy, Patricia. *Cultures of the World: Puerto Rico*. New York: Marshall Cavendish, 1995.

Menard, Valerie. *The Latino Holiday Book*. New York: Marlowe, 2004.

Mexico: CultureGrams™. Orem, Utah: Millennial Star Network and Brigham Young University, 2002.

Nicaragua: CultureGrams™. Orem, Utah: Millennial Star Network and Brigham Young University, 2002.

Pérez, Luis A. "Cuba." In *The World Book Encyclopedia.* Chicago: World Book, Inc., 2003.

Reilly, Mary Jo, and Leslie Jermyn. *Cultures of the World: Mexico.* New York: Marshall Cavendish, 2002.

Sheehan, Sean. *Cultures of the World: Cuba.* New York: Marshall Cavendish, 1995.

Smole, William J. "Colombia." In *The World Book Encyclopedia.* Chicago: World Book, Inc., 2003.

Stavans, Ilan. *Spanglish: The Making of a New American Language.* New York: HarperCollins, 2003.

Vázquez, Ana María B., and Rosa E. Casas. *Cuba.* Chicago: Children's Press, 1987.

Recipe and Ingredient Index

Spanish entries are italic. Recipes are boldface.

Index

Spanish entries are italic.

183

About the Author

GEORGE KUNZEL grew up in Colombia and has lived in the United States since he was 17. His interests in food and cooking date back to graduate school days, when he was introduced to serious cooking by a fellow student. Although he spent many years working in the telecommunications industry and is currently a project management consultant, his avocations remain cooking and gardening. He has traveled to all of the countries included in this book except Cuba.

Made in the USA
Lexington, KY
21 May 2011